O Credo Apostólico

O Credo Apostólico

A. W. TOZER

Compilado por Kevin Mungons

Originally published in English under the title
The Apostles' Creed
by A. W. Tozer
Compiled and edited by Kevin Mungons
© 2023 by The Moody Bible Institute of Chicago, USA.
All rights reserved

Tradução e impressão em português com permissão
© 2024 Publicações Pão Diário, Brasil

Coordenação editorial: Adolfo A. Hickmann
Tradução: João Ricardo Morais
Revisão: Giovana Caetano, Marília P. Lara, Dalila de Assis
Coordenação gráfica: Audrey Novac Ribeiro
Projeto gráfico e diagramação: Audrey Novac Ribeiro

Dados internacionais de Catalogação na Publicação (CIP)

TOZER, A. W. (1897-1963)
O Credo Apostólico
Tradução: João Ricardo Morais – Curitiba/PR, Publicações Pão Diário
Título original: *The Apostles' Creed*
1. Vida cristã   2. Credo Apostólico   3. Religião   4. Cristianismo

---

Proibida a reprodução total ou parcial, sem prévia autorização, por escrito, da editora. Todos os direitos reservados e protegidos pela Lei 9.610 de 19/02/1998. Permissão para reprodução: permissao@paodiario.org

Exceto se indicado o contrário, as citações bíblicas são extraídas edição Nova Almeida Atualizada, de João Ferreira de Almeida © 2017, Sociedade Bíblica do Brasil.

As citações do Credo Apostólico são da versão da Igreja Evangélica de Confissão Luterana no Brasil (IECLB), de 2011.

Publicações Pão Diário
Caixa Postal 9740
82620-981 Curitiba/PR, Brasil
publicacoes@paodiario.org
www.publicacoespaodiario.com.br
Telefone: (41) 3257-4028

Código: E7885
ISBN: 978-65-5350-479-0

1.ª edição: 2024
Impresso no Brasil

A. W. TOZER
(1897-1963)
O pregador do século 20

*Nunca vi um cristão útil que
não seja estudante da Bíblia. Não existem atalhos
para a santidade.* A. W. TOZER

AIDEN WILSON TOZER nasceu em 1897, em uma pequena fazenda da Pensilvânia, nos Estados Unidos. Sua conversão aconteceu antes que ele alcançasse a maioridade, quando entregou sua vida a Cristo em uma oração individual em casa, após ouvir um pregador anunciando as boas-novas na rua. Cinco anos depois, o jovem recém-casado e sem formação teológica aceitou o convite para liderar uma igreja pela primeira vez. Apesar de inexperientes, ele e sua esposa Ada Celia Pfautz se mostraram aptos ao chamado pastoral.

Com uma família grande, composta por sete filhos (seis rapazes e apenas uma moça), o casal se manteve firme no propósito de viver de forma simples e modesta. Eles jamais possuíram um carro, optando pelo transporte público, e mesmo após Tozer tornar-se um escritor renomado, preferiram doar boa parte dos direitos autorais aos necessitados. Ele foi pastor da Southside Gospel Tabernacle, em Chicago, por 30 anos, e juntamente com Ada dedicou 44 anos de sua vida ao ministério com a Aliança Cristã e Missionária.

O estilo de vida, a história de conversão e o conteúdo exortativo dos sermões e escritos desse autor são produtos de seu tempo. Movimentos como o da Santidade, que ocorreram nas primeiras décadas do século 20 com nomes como William Seymour, romperam barreiras sociais e fizeram com que muitos homens e mulheres sem estudo teológico formal despontassem como porta-vozes de Deus. Esses pregadores, geralmente de estilo enérgico e que transmitiam a urgência da volta de Cristo, nunca passaram pelas cadeiras universitárias, mas alcançaram milhares de pessoas.

Sob esse novo contexto histórico, o meio cristão protestante começou a ganhar uma nova faceta e delinear-se de forma peculiar nos Estados Unidos. Seria possível escrever um livro só para explicar as linhas teológicas que surgiram nessa época e, para compreender a obra de Tozer, é importante entender o contexto em que esse distinto autor viveu.

Um termo frequente em seus textos é *evangelicals*. Embora seja comumente traduzido por "evangélicos", tal palavra não transmite as nuances culturais da original em inglês. Quando cita *evangelicals*, Tozer se refere a cristãos teologicamente conservadores, podendo ser fundamentalistas (em oposição à teologia liberal) ou moderados. Esse grupo se diferencia dos *protestants*, termo utilizado para referir-se aos cristãos com posições teológicas mais progressistas, e dos pentecostais, caracterizados pelo enfoque na atualidade dos dons espirituais.

Essas diferenciações especificamente americanas nem sempre se traduzem de forma clara ao leitor lusófono, que utiliza o termo "evangélicos" para abranger todos os cristãos que não fazem parte da tradição católica, sejam eles pentecostais, batistas, metodistas, luteranos, anglicanos, reformados, menonitas, entre outros. Para evitar tal mal-entendido, decidimos traduzir *evangelicals* por "evangelicais"; toda vez que o leitor encontrar esse termo nessa obra, bem como o derivado *evangelicalismo*, saberá que Tozer estava se referindo a um grupo específico de cristãos e não aos protestantes em geral.

Um pouco afastado das discussões profundamente teóricas de seu tempo, Tozer foi um intelectual autodidata. Ele tinha muito interesse por história, filosofia e literatura, sendo um grande admirador dos Pais da Igreja e dos reavivalistas. Apesar de admitir que o homem pode aprender bastante com as ciências, cria que o verdadeiro conhecimento sobre Deus e a alma humana só pode ser adquirido pelo Espírito Santo. Esse entendimento o levou a falar sobre a salvação de forma simples e direta, sem tentar dar destaque às suas ideias ou retórica para ganhar o público.

A. W. Tozer teve sua formação embasada na experiência e devoção ao Senhor. A presença de Cristo foi sua sala de aula, sua rotina de oração lhe forneceu fundamento, e foi nas Escrituras que ele encontrou a inspiração necessária para seus ensinos. Essa base informal, fora da academia, não impediu que ele fosse reconhecido em tal meio. O autor recebeu o título de Doutor Honoris Causa em Letras, pelo Wheaton

College em 1950, e em Direito pela Houghton University, dois anos mais tarde.

Na mesma época, ele também foi eleito editor da revista Alliance Weekly, fazendo com que a circulação do periódico duplicasse. Com o estilo que o tornou conhecido, declarou já em seu artigo de estreia: "Vai custar algo caminhar devagar ao longo das eras, enquanto os homens que se guiam pelo tempo se apressam ao confundir movimento com progresso. Mas haverá frutos, a longo prazo, e o verdadeiro cristão não está muito interessado em qualquer coisa menos do que isso".

O legado que esse pregador, editor e escritor deixou com suas palavras continua a nos desafiar até hoje. Para Tozer, a resposta à pergunta: "O que devo fazer para ser salvo?" é simples e bíblica: "Entregar-se a Cristo, procurar conhecê-lo pessoalmente e tornar-se como Ele". Essa contundente verdade foi o lema de seu ministério e dos mais de 40 livros que produziu durante esse período. O que você tem em mãos é uma porção disso e esperamos que você seja edificado por ela.

Dos editores de Ministérios Pão Diário

Sumário

Prefácio à edição em inglês: O credo de Tozer 15

Prólogo: Por que os credos ainda
são importantes hoje?..19

PRIMEIRA PARTE: O CREDO

   1. Deus Pai 25
      Creio em Deus, Pai todo-poderoso, Criador
      do céu e da terra

   2. Jesus Cristo 39
      E em Jesus Cristo, seu Filho unigênito, nosso Senhor

   3. Espírito Santo 51
      O qual foi concebido pelo Espírito Santo,
      nasceu da virgem Maria

   4. Crucificado 65
      Padeceu sob o poder de Pôncio Pilatos,
      foi crucificado, morto e sepultado,
      Desceu ao mundo dos mortos

   5. Ressuscitado e elevado ao Céu.............81
      Ressuscitou no terceiro dia;
      Subiu ao céu, e está assentado à direita de Deus Pai,
      todo-poderoso,

6. O retorno 89
   De onde virá para julgar os vivos e os mortos

7. A Comunhão da Igreja 101
   Creio no Espírito Santo, na santa Igreja cristã, a comunhão dos santos

8. Perdão 111
   Na remissão dos pecados

9. Eternidade 125
   Na ressurreição do corpo e na vida eterna. Amém.

SEGUNDA PARTE: VIVENDO O CREDO

10. Sejamos humildes quanto à nossa ortodoxia..133

11. Unindo nossos credos às nossas ações 139

12. Doutrina em ação e indo longe 145

Fontes 153

Os primeiros cristãos, sob o fogo da perseguição, conduzidos de um lugar para outro, às vezes privados da oportunidade de uma instrução cuidadosa na fé, queriam uma "regra" que resumisse tudo no que eles deviam acreditar para garantir seu bem-estar eterno. Dessa necessidade crítica, surgiram os credos. Dos muitos, o Credo Apostólico é o mais conhecido, mais amado, e tem sido reverentemente repetido pelo maior número de fiéis ao longo dos séculos.

—A. W. TOZER

O Credo Apostólico

Creio em Deus, Pai todo-poderoso,
Criador do céu e da terra.
E em Jesus Cristo, seu Filho unigênito,
nosso Senhor,
o qual foi concebido pelo Espírito Santo,
nasceu da virgem Maria,
padeceu sob o poder de Pôncio Pilatos,
foi crucificado, morto e sepultado,
desceu ao mundo dos mortos,
ressuscitou no terceiro dia,
subiu ao céu, e está sentado à direita
de Deus Pai, todo-poderoso,
de onde virá para julgar os vivos e os mortos.

Creio no Espírito Santo,
na santa Igreja cristã, a comunhão dos santos,
na remissão dos pecados,
na ressurreição do corpo e na vida eterna.
Amém.

Prefácio à edição em inglês
O CREDO DE TOZER

Os credos cristãos clássicos eram amados por A. W. Tozer, de tal forma que frequentemente escrevia sobre eles. Ele chamava o Credo Apostólico de "o mais conhecido e mais amado [...] reverentemente repetido pelo maior número de fiéis ao longo dos séculos. E, para milhões de pessoas de bem, esse credo contém os fundamentos da verdade".

Mas Tozer pregou e ensinou em uma época em que as declarações de credo eram cada vez mais suspeitas. Alexander Campbell fundou o Movimento de Restauração sem "nenhum credo além da Bíblia", uma ideia que se tornou o grito de guerra para um certo segmento da igreja evangélica. John Oxenham resumiu esses sentimentos em "Credo", um poema popular que declarava "Não o quê, mas QUEM! Pois Cristo é mais do que todos os credos".

Tozer rapidamente apontou que essa aversão a declarações de credo era, na verdade, um sistema de crenças próprio, o que ele chamou de "credo sem credo". Tozer viu essa tendência como um perigo, contendo alguns grãos de verdade real enterrados sob "uma poderosa pilha de palha". Um século antes, Samuel Miller havia previsto que "sempre que um grupo de homens começava a cair, com respeito à ortodoxia, eles geralmente tentavam quebrar, se não esconder, sua queda, falando enfaticamente contra credos e confissões".

Como antídoto, Tozer pregava a importância primordial da doutrina básica na vida dos cristãos. Como Paulo disse: "...se retiverem a palavra assim tal como a preguei a vocês [...] entreguei a vocês o que também recebi: que Cristo morreu pelos nossos pecados, segundo as Escrituras" (1 CORÍNTIOS 15:2-3). Essa integridade doutrinária foi confiada à Igreja e aos pastores, como se vê no conselho de Paulo ao jovem Timóteo: "Cuide de você mesmo e da doutrina..." (1 TIMÓTEO 4:16). E para Tozer, "a verdade compartilhada pelos santos na comunhão apostólica é a mesma verdade que é beneficamente delineada no Credo Apostólico".

Esta coleção de ensaios reúne os melhores escritos de Tozer sobre os credos e ideias baseadas nos credos, selecionados de seus sermões, artigos de revistas e livros. Tozer acreditava que os credos atrairiam os evangélicos para um consenso doutrinário, uma melhor compreensão do que era verdadeiramente essencial à fé ortodoxa. Ou, em linguagem negativa, os credos evitavam detalhes *não essenciais*. Embora apreciasse sistemas teológicos amplamente desenvolvidos, ele expressava exasperação sobre controvérsias contemporâneas, como o momento preciso dos eventos do fim dos tempos. Em última análise, Tozer defendia todos os artigos do texto do credo tradicional, até mesmo a frase "desceu ao mundo dos mortos", embora muitos evangélicos, mais tarde, abandonassem essa linha.

Aqueles que estão lendo A. W. Tozer pela primeira vez notarão sua tendência de citar cristãos de épocas passadas — e não apenas nomes familiares como Lutero, Wesley e Finney. Tozer lia de maneira bastante aprofundada e esperava que seus leitores acompanhassem suas referências a Bernard de Cluny, Richard Rolle e Gerhard Tersteegen.

Aqueles que estão mais familiarizados com o legado literário de Tozer podem reconhecer uma certa ironia. Embora ele falasse dos credos com alguma frequência, eles não faziam parte da tradição de adoração de sua denominação. Sua igreja em Chicago recitou o Credo Apostólico por um tempo e depois parou, e ele hesitou em recomendar a prática para qualquer pessoa.

"Não se trata de defender o uso dos credos históricos em nossas reuniões cristãs", diz Tozer no prólogo desta coletânea. "Percebo que é perfeitamente possível recitar o Credo Apostólico todos os domingos por toda a vida sem nenhum benefício para a alma [...] eles podem ser aprendidos ao acaso e repetidos sem convicção e, por isso, serem completamente obsoletos e inúteis".

Tais palavras soam como um aviso ou advertência direta. Os credos não devem apontar para o mero conhecimento intelectual; eles devem ser vividos. Nos três ensaios finais desta coleção, Tozer transita da ortodoxia (doutrina correta) para a ortopraxia (conduta correta) e ortopatia (sentimentos corretos). Ou, como diria Tozer, "as doutrinas de Deus são vestir seu uniforme de trabalho, pegar seu martelo e sua espada, sair e trabalhar duro. Esse é o propósito de Deus para Sua Igreja".

Kevin Mungons, editor

Prólogo

POR QUE OS CREDOS AINDA SÃO IMPORTANTES HOJE?

Entre certos cristãos, tornou-se costume depreciar o credo e exaltar a experiência como o único verdadeiro teste do cristianismo. A expressão "Não o credo, mas Cristo" (tirada, creio, de um poema de John Oxenham) foi amplamente aceita como a própria voz da verdade e ganhou um lugar ao lado dos escritos de profetas e apóstolos.

Quando ouvi as palavras pela primeira vez, elas soaram bem. Entendia-se a ideia de que os defensores do credo sem credo haviam encontrado um segredo precioso que o resto de nós havia perdido: eles conseguiram cortar a verborragia do cristianismo histórico e ir direto a Cristo sem se preocupar com a doutrina. E, de modo aparentemente próximo da perfeição, tais palavras pareciam honrar nosso Senhor, concentrando a atenção somente nele e não em meras palavras. Mas será que isso é verdade? Eu penso que não.

Nesse credo sem credo há, de fato, alguns grãos de verdade real, mas não tantos quanto os defensores do "sem credo" imaginam. E esses poucos estão enterrados sob uma poderosa pilha de palha, algo que as pessoas sem credo não podem de modo algum imaginar.

Bem, tenho muita simpatia pelos crentes sem credo, pois percebo que eles estão protestando contra a substituição de um Cristo vivo por um credo morto, e nisso me uno a eles inteiramente. Mas essa antítese não precisa existir. Não há razão para nossos credos estarem mortos, assim como não há razão para nossa fé estar morta. Tiago nos diz que existe fé morta, mas não rejeitamos toda fé por essa razão.

Ora, a verdade é que o credo está implícito em cada pensamento, palavra ou ato da vida cristã. É completamente impossível ir a Cristo sem saber pelo menos algo sobre Ele, e o que sabemos sobre Ele é o que cremos sobre Ele, e o que cremos sobre Ele é o nosso credo cristão. Dito de outra forma, já que nosso credo é o que cremos, é impossível crer em Cristo e não ter um credo.

> O credo está implícito em cada pensamento, palavra ou ato da vida cristã...
>
> É impossível crer em Cristo, e não ter um credo.

Pregar a Cristo é, de modo geral e correto, considerado o ministério mais puro e nobre no qual qualquer homem pode se envolver. Mas pregar a Cristo inclui muito mais do que falar de Cristo em superlativos. Significa mais do que dar vazão ao amor religioso que o orador sente pela pessoa de Cristo. O amor incandescente por Cristo dará perfume e calor a qualquer sermão, porém ainda não é o suficiente. O amor deve ser inteligente e bem fundamentado se for para ter um significado permanente. O sermão eficaz deve ter conteúdo intelectual, e, onde quer que haja intelecto, há credo. Não pode ser de outra forma.

Não se trata de defender o uso dos credos históricos em nossas reuniões cristãs. Percebo que é perfeitamente possível recitar o Credo Apostólico todos os domingos por toda a vida sem nenhum benefício para a alma. O Credo Niceno pode ser recitado ou cantado em todos os cultos sem beneficiar ninguém. Os credos, em geral, são um resumo do que o cristão professa crer, e eles são excelentes, mas podem ser aprendidos ao acaso e repetidos sem convicção e, portanto, ser completamente obsoletos e inúteis.

Embora possamos adorar (e milhares de cristãos o fazem) sem o uso de qualquer credo formal, é impossível adorar de forma aceitável sem algum conhecimento de Quem buscamos adorar. E esse conhecimento é o nosso credo, seja ele muito formalizado ou não. Não basta dizer que podemos ter uma experiência espiritual ou sagrada com Deus sem qualquer conhecimento doutrinário e que isso é suficiente. Não, não é suficiente. Devemos adorar tanto em verdade quanto em espírito, e a verdade pode ser declarada. E, quando é declarada, torna-se credo.

O esforço para ser um cristão praticante sem saber do que se trata o cristianismo sempre fracassará. O verdadeiro cristão deveria ser, e na verdade é, um teólogo. Ele deve conhecer pelo menos uma parte da valiosa verdade revelada nas Sagradas Escrituras e deve conhecê-la com clareza suficiente para afirmá-la e defender sua afirmação. E o que pode ser afirmado e defendido é um credo.

Pelo centro da vida cristã ser reconhecidamente a fé em uma Pessoa, Jesus Cristo, o Senhor, tem sido relativamente fácil para alguns extrair da verdade toda a sua extensão e ensinar que a fé na pessoa de Cristo é tudo o que importa. Quem é Jesus não importa, ou Quem foi Seu Pai, ou se Jesus é Deus ou homem (ou ambos), ou mesmo se Ele aceitou ou não as superstições e erros de Seu tempo como verdadeiros, se Ele realmente ressuscitou após Sua paixão ou se isso foi apenas imaginação dos Seus seguidores devotos — essas coisas não seriam importantes, dizem os defensores do "sem credo". O que é vital é que cremos nele e tentamos seguir Seus ensinamentos.

O que se ignora assim é que o conflito de Cristo com os fariseus foi sobre a questão de quem Ele era. Sua alegação de ser Deus despertou a fúria dos fariseus. Ele poderia ter esfriado a fúria deles retirando Sua reivindicação de igualdade com Deus, mas Ele se recusou a fazê-lo. Além disso, Ele ensinou que a fé nele abrangia a crença de que Ele é o próprio Deus e que fora disso não poderia haver salvação para ninguém. "Jesus lhes disse: Vocês são daqui de baixo, eu sou lá de cima. Vocês são deste mundo, eu deste mundo não sou. Por isso, eu lhes disse que vocês morrerão em seus pecados. Porque, se não crerem que EU SOU, vocês morrerão nos seus pecados" (JOÃO 8:23-24).

Crer em Cristo como nosso Salvador significa crer nas afirmações corretas sobre Cristo. Não há como escapar disso.

PRIMEIRA PARTE

O Credo

1

Deus Pai

*Creio em Deus, Pai todo-poderoso,
Criador do céu e da terra*

Não poderia haver tema mais central ou importante do que o caráter de Deus. Se você traçar o efeito à causa, e essa causa a outra causa e assim sucessivamente, retornando pelos longos e sombrios corredores do passado até chegar ao átomo primordial, do qual todas as coisas foram feitas, você encontrará Aquele que as fez — você encontrará Deus.

Por trás de toda matéria inicial, de toda vida, de toda lei, de todo espaço e de todo tempo, há Deus. Deus dá à vida humana o seu único significado; não há outro fora Ele. Se você tirar o conceito de Deus da mente humana, não há outra razão para estarmos vivos. Somos, como disse Tennyson, como "ovelhas ou cabras / que nutrem uma vida cega dentro do cérebro". E podemos muito bem morrer como ovelhas, a menos que tenhamos Deus em nossos pensamentos.

Deus é a fonte de toda lei, moral e bondade, Aquele em quem você deve crer antes de poder negá-lo, Aquele que é o Verbo e Aquele que nos capacita a falar. Tenho certeza de que você perceberá imediatamente que, ao tentarmos escrever uma série de mensagens sobre os atributos de Deus, esbarramos no que é, mais do que qualquer outro assunto, dificílimo.

O famoso pregador Sam Jones (que era como um Billy Sunday[1], antes do tempo deste) disse que, quando o pregador comum pega um texto, isso o lembra de um inseto tentando carregar um fardo de algodão. E quando pego o meu texto e tento falar de Deus, sinto-me como aquele inseto. Só Deus pode me ajudar.

John Milton começou a escrever um livro sobre a queda do homem e sua restauração por meio de Jesus Cristo, nosso Senhor. Ele chamaria seu livro de *Paraíso Perdido*. Mas, antes que ele ousasse escrevê-lo, fez uma oração que quero fazer também. Ele orou ao Espírito e disse:

E principalmente Tu, ó Espírito, que preferes,
Em vez de todos os templos, o coração reto e puro,
Instrui-me.

---

[1] Samuel P. Jones foi um evangelista metodista que participou do avivamento nos Estados Unidos no final do século 19, pregando de forma itinerante em vários estados do sul de seu país. Billy Sunday foi um famoso e influente evangelista conservador estadunidense no início do século 20. Com seus sermões enérgicos e coloquiais, reuniu as maiores multidões possíveis antes do advento de sistemas eletrônicos de som.

Eu gostaria de dizer que, sem nenhuma busca por uma humildade sem limites, que sem um coração puro e uma mente submissa, nenhum homem pode pregar dignamente sobre Deus e nenhum homem pode ouvir dignamente. Ninguém pode ouvir essas coisas a menos que Deus o toque e o ilumine. E assim Milton disse:

Instrui-me, pois Tu sabes; [...]
O que em mim é treva
Ilumina, o que é humilde levanta e apoia;
Para que ao ponto alto deste grande argumento
Eu possa afirmar a Eterna Providência,
E justificar os caminhos de Deus aos homens.

Quem pode falar sobre os atributos de Deus — Sua autoexistência, Sua onisciência, Sua onipotência, Sua transcendência, e assim por diante — quem pode fazer isso e fazê-lo dignamente? Quem é capaz de algo assim? Eu não sou. Então eu só tenho uma esperança: como a pobre mula repreendeu a loucura do profeta e como o galo cantou uma noite para despertar o apóstolo e levá-lo ao arrependimento, assim Deus pode me tomar e me usar. Como Jesus entrou em Jerusalém no lombo do jumento, assim oro para que Ele esteja disposto a cavalgar diante do povo em um instrumento tão indigno como eu.

É absolutamente necessário que conheçamos a este Deus, o Único sobre o qual João escreveu, o Único sobre o qual fala o poeta, o Único sobre o qual fala a teologia e o Único a respeito do qual somos enviados para pregar e ensinar. É absoluta e criticamente necessário que o conheçamos, pois veja, o homem caiu quando perdeu seu entendimento sobre quem é Deus.

Enquanto o homem confiou em Deus, tudo estava bem. Os seres humanos eram sãos e santos (ou pelo menos, inocentes), puros e bons. Mas então o diabo apareceu e lançou um ponto de interrogação na mente da mulher: "...disse à mulher: É verdade que Deus disse...?" (GÊNESIS 3:1). Isso era equivalente a esgueirar-se pelas costas de Deus e lançar dúvidas sobre a bondade dele. E então começou a progressiva degeneração decadente.

Quando o conhecimento de Deus começou a sair da mente dos homens, entramos no dilema no qual estamos agora:

Porque, tendo conhecimento de Deus, não o glorificaram como Deus, nem lhe deram graças. Pelo contrário, se tornaram vaidosos em seus próprios raciocínios, e o coração insensato deles se obscureceu. Dizendo que eram sábios, tornaram-se tolos e trocaram a glória do Deus incorruptível por imagens semelhantes ao corruptível ser humano, às aves, aos quadrúpedes e aos répteis. Por isso, Deus os entregou à impureza, pelos desejos do coração deles, para desonrarem o seu corpo entre si. Eles trocaram a verdade de Deus pela mentira, adorando e servindo a criatura no lugar do Criador, o qual é bendito para sempre. Amém! Por causa disso, Deus os entregou a paixões vergonhosas. Porque até as mulheres trocaram o modo natural das relações íntimas por outro, contrário à natureza. Da mesma forma, também os homens, deixando o contato natural da mulher, se inflamaram mutuamente em sua sensualidade, cometendo indecência, homens com homens, e recebendo, em si mesmos, a merecida punição de seu erro. E, por haverem desprezado o conhecimento de Deus, o próprio Deus os entregou a um modo de pensar reprovável, para praticarem coisas que não convêm. ROMANOS 1:21-28

O primeiro capítulo de Romanos termina com uma terrível acusação de injustiça, fornicação, maldade, cobiça, malícia e toda a longa lista de crimes e pecados dos quais o homem é culpado.

Tudo isso aconteceu porque o homem perdeu a confiança em Deus. Ele não conhecia o caráter divino. Ele não sabia que tipo de Deus era Deus. O homem ficou completamente confuso sobre como Deus era. Agora, o único caminho de volta é restaurar a confiança em Deus. E a única maneira de ter a confiança restaurada em Deus é recuperar o conhecimento sobre Deus.

Vemos isso no texto: "Em ti, pois, confiam os que conhecem o teu nome..." (SALMO 9:10). A palavra *nome* significa caráter somado à reputação. "Em ti, pois, confiam os que conhecem *que tipo de Deus Tu és*". Nós nos perguntamos por que não temos fé. A resposta é: fé é confiança no caráter de Deus, e, se não sabemos que tipo de Deus é Deus, não podemos ter fé.

Lemos livros sobre George Müller e outros e buscamos ter fé. Mas esquecemos que fé é confiança no caráter de Deus. Por não termos consciência de que tipo de Deus é o nosso Deus, ou como Ele é, não podemos ter fé. E assim lutamos, esperamos e esperamos ainda mais. Mas a fé não vem, porque não conhecemos o caráter de Deus. "Os que sabem como Tu és confiarão em ti". É automático — ela vem naturalmente quando sabemos quem é Deus.

Darei a você um relatório sobre o caráter de Deus, para dizer-lhe como Ele é. E se você estiver ouvindo com uma mente digna, descobrirá que a fé brotará. A ignorância e a incredulidade arrastam e diminuem a fé, entretanto, um conhecimento restaurado de Deus traz consigo a fé. Eu suponho que não haja momento algum na história mundial em que tenhamos precisado da restauração do conhecimento de Deus mais do que agora. Os cristãos fiéis à Bíblia alcançaram grandes conquistas nos últimos 40 anos. Temos mais Bíblias agora do que jamais tivemos — a Bíblia é um best-seller. Temos mais escolas bíblicas do que jamais tivemos na história do mundo. Milhões de toneladas de literatura evangélica são produzidas o tempo todo. A quantidade de missões é maior do que a nossa compreensão sobre o que fazer. E o evangelismo está em alta, muito popular no momento. E mais pessoas vão mais à igreja agora, acreditem ou não, do que jamais antes.

Agora, tudo isso possui algo a seu favor, não há dúvida sobre isso. Porém, você sabe, um homem pode descobrir ao final do ano como realmente está o seu negócio, equilibrando suas perdas com seus ganhos. E embora ele possa ter alguns ganhos, se ele tiver muitas perdas, seu negócio irá à falência no próximo ano.

Muitas das igrejas evangélicas obtiveram diversos ganhos nos últimos anos, mas também sofremos uma grande e crucial perda: o conceito de que Deus é grandioso. O cristianismo ergue-se como uma águia e jaz sobre o topo de todos os picos montanhosos de todas as religiões do mundo, principalmente por causa desta compreensão sobre o caráter elevado de Deus, concedida a nós na revelação divina e pela vinda do Filho de Deus para se fazer carne e habitar entre nós. O cristianismo, a grande Igreja, há séculos vive pelo caráter de Deus. Ela apregoa Deus, ora a Deus, declara Deus, honra a Deus, exalta a Deus, testemunha sobre Deus — o Deus Trino.

Mas, nos últimos tempos, houve uma perda sofrida. Perdemos este conceito de que Deus é grandioso, e o conceito divino tratado pela igreja evangélica comum agora é tão pequeno, que chega a ser indigno para com Deus e uma desgraça para a Igreja. É por negligência, erro degenerado e cegueira espiritual que alguns estão dizendo que Deus é seu "parceiro" ou "o homem lá de cima". Uma faculdade cristã lançou um livreto chamado *Cristo é meu zagueiro* — Ele sempre faz a jogada certa. E um certo empresário foi citado como alguém que disse: "Deus é um bom camarada, e eu gosto dele".

Não há um muçulmano vivo no mundo que se rebaixaria a chamar Deus de "bom camarada". Não há um judeu, pelo menos nenhum judeu que creia em sua religião, que ousaria se referir assim ao grande Javé, Aquele com o nome indizível. Eles falam de Deus de maneira respeitosa e reverente. Mas, nas igrejas evangélicas, Deus é um "zagueiro" e um "bom camarada".

Às vezes, sinto vontade de abandonar muita coisa que se passa por cristianismo. Eles falam sobre a oração como "iniciar uma reunião com Deus", como se Deus fosse um treinador ou um zagueiro, ou algo assim. Todos se reúnem em volta, Deus dá o sinal verde e lá se vão eles. Que abominação inaceitável! Quando os romanos sacrificaram uma porca no altar em Jerusalém, eles não cometeram nada mais terrível do que quando arrastamos o santíssimo Deus de Seu lugar elevado e o transformamos em um Papai Noel barato que podemos usar para conseguir o que queremos.

O cristianismo perdeu sua dignidade. E nunca a recuperaremos se não conhecermos o digno Deus Santo, que cavalga sobre as asas do vento e faz das nuvens Suas carruagens. Perdemos o conceito de majestade e a arte de adorar. Recebi uma carta do meu grande amigo Stacey Woods, que até recentemente era chefe da *InterVarsity*, e foi isto que ele disse ao final de sua carta: "A Igreja está se afastando da adoração. Eu me pergunto se é porque estamos nos afastando de Deus". Acho que ele está certo e acredito que essa é a resposta.

E então nossa religião perdeu sua interioridade. Pois o cristianismo, se é alguma coisa, é uma religião que opera no íntimo das pessoas. Jesus disse que devemos adorar em espírito e em verdade. E, no entanto, perdemos esta prática porque carecemos do conceito de divindade que torna isso possível. Mesmo que tenhamos nos apegado à nossa *Bíblia de Estudo Scofield* (Bom Pastor, 2021) e ainda creiamos nas sete doutrinas principais e fundamentais da fé, perdemos a reverência, a admiração, o temor e o deleite. Por quê? Porque perdemos a Deus, ou pelo menos perdemos nosso conceito elevado de que Deus é grandioso — o único conceito sobre Deus que Ele honra.

Assim, os ganhos que obtivemos foram todos externos: Bíblias e escolas bíblicas; livros, revistas e mensagens de rádio; missões e evangelismo; números e novas igrejas. E as perdas que sofremos foram todas internas: a perda da dignidade, da adoração e majestade; da interioridade; da presença de Deus; do temor e do deleite espiritual.

Se perdemos apenas o que é interior e ganhamos apenas o que é exterior, eu me pergunto se ganhamos realmente alguma coisa; se não estamos agora numa situação ruim. Acredito que estejamos. Creio que nossas igrejas evangélicas, nosso cristianismo, está magro e anêmico, sem conteúdo reflexivo, de tom frívolo, mundano em espírito.

E acredito que estamos precisando desesperadamente de uma reforma que traga a Igreja de volta. Deixei de usar a palavra *avivamento* porque precisamos mais do que um avivamento. Quando o grande avivamento galês chegou ao pequeno País de Gales, por volta da virada do século, o Espírito Santo tinha algo com o que operar. O povo cria em Deus e possuía um conceito elevado sobre Deus. Mas, como a Igreja perdeu esse conceito elevado sobre Deus e não sabe mais quem realmente Ele é, sua religião é magra e anêmica, frívola, mundana e barata.

Compare a pregação da Igreja hoje com a dos profetas hebreus, ou mesmo de homens como Charles Finney — isto é, se você se atrever a fazer isso. Quão sérios eram esses homens de Deus! Eram homens do Céu que vieram à Terra para falar aos homens. Assim como Moisés desceu do monte com o rosto brilhando para falar aos homens, assim também os profetas e pregadores fizeram ao longo dos anos. Homens sérios, solenes, de tom elevado e cheios de intelectualidade e teologia robustas.

Contudo, hoje, as pregações, em sua maioria, são baratas, frívolas, grosseiras, rasas e tornaram-se entretenimento. Nós, nas igrejas evangélicas, achamos que temos que entreter as pessoas ou elas não voltarão. Perdemos a seriedade de nossa pregação e nos tornamos bobos. Perdemos a solenidade e o temor. Perdemos também o esplendor e tornamo-nos grosseiros e superficiais. Perdemos a substância e nos tornamos animadores de palco. Isso é algo trágico e terrível.

Compare o material de leitura cristã e você saberá que estamos praticamente na mesma situação. Os alemães, os escoceses, os irlandeses, os galeses, os ingleses, os americanos e os canadenses têm uma herança protestante comum. E o que eles leram, esses seus e os meus antepassados protestantes? Bem, eles leram *The Rise and Progress of Religion in the Soul*, de Philip Doddridge; leram *Holy Living e Holy Dying*, de Jeremy Taylor; leram *O peregrino* (Publicações Pão Diário, 2020) e *Guerra santa* (Publicações Pão Diário, 2022) de John Bunyan; leram *Paraíso Perdido* (Editora 34, 2021) de John Milton; leram os sermões de John Flavel.

Tenho um antigo hinário metodista impresso há muitos anos, e nele encontrei 49 hinos sobre os atributos de Deus. Ouvi dizer que não devemos cantar hinos com tanta teologia porque as mentes das pessoas são diferentes agora. Pensamos de forma diferente agora. Você sabia que esses hinos metodistas eram cantados principalmente por pessoas sem instrução? Eram agricultores, pastores de ovelhas, criadores de gado, mineiros de carvão, ferreiros, carpinteiros e colhedores de algodão — pessoas comuns em todo este continente. Elas cantavam esses hinos. Há mais de 1.100 hinos nesse meu hinário e não há um insignificante em todo o conjunto.

E hoje em dia, sequer falarei sobre algumas das terríveis tralhas que cantamos. Esse declínio trágico e assustador no estado espiritual das igrejas veio como resultado de nosso

Deus Pai

esquecimento de quem Deus realmente é. Perdemos a visão da Majestade que habita nas alturas. Tenho lido o livro de Ezequiel nas últimas semanas, lendo e relendo devagar, e cheguei àquela passagem terrível, assustadora e horrível, onde a *Shekinah*, a presença resplendente de Deus, levanta-se dentre as asas dos querubins, vai ao altar, levanta-se de lá, vai à entrada do templo, e há o ruído das asas (EZEQUIEL 10:4-5). E então a presença divina vai da entrada para o átrio externo (vv.18-19), e do átrio externo para o monte (EZEQUIEL 11:23), e do monte para a glória.

E nunca mais voltou, a não ser quando encarnou em Jesus Cristo, quando Ele caminhou entre nós. Mas a glória da *Shekinah* que seguira Israel durante todos aqueles anos, que resplandecia sobre o acampamento, foi embora. Deus não suportava mais aquilo, retirando Sua Majestade, a glória de Sua *Shekinah*, deixando o templo. Eu me pergunto quantas igrejas evangélicas, por sua leviandade, superficialidade, grosseria e mundanidade, entristeceram o Espírito Santo até que Ele se retirou num doloroso silêncio. Devemos ver Deus novamente; senti-lo, conhecê-lo, escutá-lo uma vez mais. Nada menos do que isso poderá nos salvar.

Espero que você esteja em oração e seja digno de ouvir o que falo, e que eu seja digno de falar sobre Deus — o Deus Trino, o Pai, o Filho e o Espírito Santo — como Ele é. Se pudermos restaurar novamente o conhecimento de Deus aos homens, podemos ajudar, de alguma forma, a realizar uma reforma que restaurará Deus novamente aos homens. Gostaria de meditar sobre as palavras de Frederick Faber:

Cheio de glória, cheio de maravilhas, Majestade Divina!
Em meio aos Teus trovões eternos, como brilham
os Teus relâmpagos.
Oceano sem litoral! Quem te sondará?
Apenas a Tua própria eternidade está em torno de Ti,
Majestade Divina![2]

Uma hora com a majestade de Deus valeria mais para você agora e na eternidade do que todos os pregadores — incluindo a mim mesmo — que já se levantaram para abrir sua Bíblia. Desejo uma visão da majestade de Deus, e não, como diz certa canção, "uma breve luz"; não, não quero nada temporário, quero a luz da majestade e da maravilha permanentemente! Quero viver onde a face de Deus reluz todos os dias. Nenhuma criança diz: "Mãe, deixe-me ver seu rosto brevemente". A criança quer estar onde ela possa olhar e ver o rosto da mãe a todo e qualquer momento.

Atemporal, sem espaço, singular, único,
No entanto, sublimemente Três,
Tu és grandioso, sempre, Tu somente
Deus em Unidade!
Único na grandeza, único na glória,
Quem contará a Tua maravilhosa história,
Tremenda Trindade?

Esplendor e mais esplendor irradiando
Mudança e entrelaçamento;

---

[2] Tradução livre do hino *Majesty Divine!*, de Frederick Faber (1814–63).

Deus Pai

*Glória e mais glória fluindo
Toda translúcida luz!
Bênçãos, louvores, adorações
Saúdam a ti as trêmulas nações
Majestade Divina!*

Esta é a era do homem comum — e não só nos tornamos comuns, mas arrastamos Deus para o nosso nível medíocre. O que precisamos desesperadamente é de conceituar Deus como alguém grandioso e elevado. Talvez, pela pregação e oração fiéis e pelo Espírito Santo, possamos ver "esplendor e mais esplendor irradiando/Mudança e entrelaçamento". Talvez possamos ver "Glória e mais glória fluindo/Toda translúcida luz!". A Deus podemos dar "bênçãos, louvores, adorações" que saúdem "a ti as trêmulas nações, Majestade Divina!"

2

Jesus Cristo

*E em Jesus Cristo,
seu Filho unigênito,
nosso Senhor*

Sabemos que o Verbo se fez carne. Permitam-me assinalar que, dentro dessa afirmação de simples e poucas palavras, está contido um dos mistérios mais profundos do pensamento humano.

Homens ponderados são rápidos em perguntar: "Como poderia a divindade atravessar o largo e profundo abismo que separa o que é Deus do que não é Deus?". Talvez você concorde comigo que no Universo há realmente apenas duas coisas: Deus e "não Deus" — o que é Deus e o que não é Deus.

Ninguém poderia ter criado Deus, mas Deus, o Criador, fez todas as coisas no Universo que não são Deus.

Assim, o abismo que separa o Criador e a criatura, o abismo entre o Ser que chamamos Deus e todos os outros seres, é verdadeiramente grande, vasto e profundo.

O MISTÉRIO DE DEUS MANIFESTO NA CARNE
Como Deus pôde transpor esse grande abismo é, de fato, um dos mistérios mais profundos e sombrios para os quais o pensamento humano pode ser direcionado.

Como é possível que Deus una o Criador à criatura? Se você não tiver o costume de refletir em pensamentos profundos, isso pode não parecer algo tão incrível; entretanto, se você tem momentos frequentes de reflexão ponderada, ficará surpreso com a transposição do grande abismo entre Deus e o que não é Deus.

Lembremo-nos de que os próprios arcanjos, serafins e querubins, que se cobrem de pedras brilhantes, não são Deus.

Lemos nossas Bíblias e descobrimos que o homem não é o único tipo de ser existente. Entretanto, o homem, em seu orgulho pecaminoso, escolhe acreditar que ele é único.

Alguns cristãos, juntamente com a humanidade em geral, tolamente se recusam a crer na realidade dos seres angelicais. Já conversei com pessoas o suficiente para ter a sensação de que pensam em anjos como papais-noéis com asas!

Muitos dizem que não creem em hierarquias de querubins, serafins, vigilantes ou santos, ou em qualquer um dos estranhos principados e poderes que andam de maneira tão misteriosa e brilhante pelas passagens da Bíblia. De modo geral, não cremos neles tanto quanto deveríamos, pelo menos.

Podemos achar que não existem, mas, irmãos, eles estão lá! A humanidade é apenas uma ordem de seres ou criaturas de Deus. Então, nos perguntamos: "Como o Infinito poderia se tornar finito? E como o Ilimitado poderia deliberadamente impor limitações a si mesmo? Por que Deus deveria favorecer uma classe de seres acima de outra em Sua revelação?".

Para nosso espanto, aprendemos no livro de Hebreus que Deus não tomou sobre si a natureza dos anjos, mas tomou sobre si a semente de Abraão. Ora, Abraão certamente não era semelhante a um anjo. Suporíamos que Deus, ao vir até nós, se rebaixaria o mínimo possível. Poderíamos pensar que Ele iria até o nível dos anjos ou serafins — mas, em vez disso, Ele desceu à ordem mais baixa e tomou sobre si a natureza de Abraão, a semente de Abraão.

O apóstolo Paulo levanta as mãos, maravilhado. Paulo, declarado um dos seis grandes intelectos de todos os tempos, ergue as mãos e declara que "grande é o mistério da piedade" (1 TIMÓTEO 3:16), o mistério de Deus manifestado na carne.

Talvez esta seja a abordagem mais envolvente sobre este assunto para todos nós: simplesmente levantar as mãos e dizer: "Ó Senhor, só Tu sabes!". Há muito mais coisas no Céu e na Terra do que sabemos em nossa teologia — assim, tudo isso é, no fundo, um mistério completo.

Gostaria de citar a essência do que John Wesley disse a respeito do ato eterno e misterioso de Deus ao descer para tabernacular junto aos homens.

Wesley declarou que devemos distinguir o ato do método pelo qual tal ato é realizado, aconselhando que não rejeitemos um fato por não sabermos como ele foi realizado. Considero isso muito sábio!

> Há muito mais coisas no Céu e na Terra do que sabemos em nossa teologia.

Penso também que cabe a nós entrarmos na presença de Deus de modo reverente, inclinando a cabeça, cantando a Ele louvores e reconhecendo Seus atos de amor em nosso favor, até mesmo com nossas palavras: "É verdade, ó Deus, mesmo que não saibamos ou entendamos como Tu fizeste tudo acontecer!".

Não rejeitaremos o fato porque não sabemos como ele se sucedeu.

TOTALMENTE DEUS, TOTALMENTE HOMEM
Até que ponto, então, podemos saber a respeito desse grande mistério? Ao menos, podemos ter toda a certeza disto: que a encarnação não comprometeu nenhum aspecto da divindade. Lembremo-nos sempre de que, quando Deus se fez carne, a parte divina não foi degradada.

Em tempos passados, os deuses míticos das nações não eram alheios à ideia de concessão. As deidades romanas, das lendas gregas e escandinavas, eram divindades que podiam facilmente se corromper, e muitas vezes se corrompiam nos contos de sabedoria mítica.

Mas o Deus santo e único, nosso Pai que está no Céu, nunca poderia ir contra Sua natureza, diferentemente de todo o restante, que não é Deus. A encarnação, o Verbo feito carne, aconteceu sem qualquer abono da Santa Divindade.

O Deus vivo não se degradou com essa condescendência. Ele não se tornou, em nenhum sentido, menor do que Deus, Ele mesmo. Deus permaneceu sempre sendo Deus e tudo o mais permaneceu não sendo Deus. O abismo ainda existia mesmo após Jesus Cristo ter se feito homem e habitado entre nós. Em vez de Deus comprometer Sua natureza divina quando se fez homem, Ele elevou a humanidade por meio do ato da encarnação, aproximando-a de si mesmo.

É bastante claro, no Credo Atanasiano, que os pais da Igreja Primitiva eram cautelosos com esse ponto doutrinário. Eles não nos permitiriam crer que Deus, na encarnação, se fez carne por meio de um rebaixamento da divindade, mas sim pelo alçamento da humanidade a Deus.

> A encarnação não comprometeu nenhum aspecto da divindade.

Assim, não degradamos Deus, mas elevamos o homem — e essa é a maravilha da redenção!

Assim também descobrimos que há outra coisa de que podemos ter certeza sobre as ações divinas: Deus nunca pode quebrar Sua aliança. Esta união do homem com Deus é mantida até a eternidade!

No sentido o qual estamos considerando, Deus jamais poderá deixar de ser homem, pois a segunda pessoa da Trindade nunca pode desencarnar-se. A encarnação permanece para sempre um fato, pois "o Verbo se fez carne e habitou entre nós" (JOÃO 1:14).

Devemos voltar nossos pensamentos para o passado da história, pois sabemos que, após Deus criar Adão, o Criador esteve em comunhão com os homens.

Folheei um livro intitulado *Earth's Early Ages* (Os primórdios da Terra, tradução livre). Não direi que realmente o li, já que rapidamente concluí que o autor parecia acreditar saber mais sobre o período antediluviano do que Moisés. Entretanto, quando vejo um homem que afirma saber mais do que Moisés sobre um assunto no qual Moisés é especialista, fujo de sua obra.

Admito que me agrada sonhar e debruçar-me em pensamentos relacionados às eras passadas. Sempre fui fascinado pela passagem de Gênesis que nos diz que Deus veio e caminhou pelo jardim, chamando por Adão, enquanto soprava o vento suave da tarde. Mas Adão não estava lá. Penso que não acrescentamos nada ao relato ao supor que o encontro de Deus com Adão no jardim era costume naquela época. Não somos informados que essa foi a primeira vez que Deus passeou com Adão em meio ao canto dos pássaros e sob a luz do pôr do sol.

Deus e o homem caminhavam juntos, e porque o Criador havia feito o homem à Sua própria imagem, não havia degradação em Sua comunhão com o homem.

Mas agora Adão está escondido. Orgulho e desobediência, dúvida e fracasso na provação — o pecado rompeu a comunhão do Criador com a criatura. O Deus santo teve de rejeitar o homem caído, mandando-o para fora do jardim e pondo a postos uma espada flamejante a fim de que o homem não voltasse. Adão perdera a presença do Deus Criador e, no registro bíblico das eras que se seguiram, Deus nunca mais habitou com os homens da mesma maneira. Os olhos dos homens caídos e pecadores não eram mais capazes de suportar a majestade radiante e a glória divina.

Então, na plenitude dos tempos, Ele voltou aos homens, pois "o Verbo se fez carne e habitou entre nós".

Eles o chamaram por Seu nome, "Emanuel", que significa "Deus conosco". Naquela primeira vinda de Jesus, o Cristo, Deus voltou a habitar pessoalmente com os homens.

Deixe-me avisá-lo que eu não sou um pregador propositivo, mas, neste ponto, devemos observar três proposições que têm relação com a vinda de Jesus — Deus aparecendo como homem.

Ele veio para habitar junto aos homens. Ele veio para estar unido aos homens. Ele veio, afinal, para viver no interior dos homens para sempre. Então, é com os homens, para os homens e nos homens que Ele veio habitar.

Sempre observo com certo riso as frustrações dos tradutores quando chegam a passagens como "Ninguém jamais viu a Deus; o Deus unigênito, que está junto do Pai, é quem o revelou" (JOÃO 1:18).

A Palavra de Deus é grande demais para quaisquer tradutores. Chegam a esta frase em grego: "é quem o revelou". Os tradutores fazem de tudo para traduzir o que o Espírito Santo falou, mas eventualmente têm que desistir. A língua humana simplesmente não consegue expressar tudo.

Quando usamos nossas palavras e sinônimos, ainda não dissemos tudo o que Deus revelou ao dizer: Ninguém jamais viu a Deus, mas quando Jesus Cristo veio, Ele nos mostrou como Deus é (CONFORME JOÃO 1:18).

Suponho que nossa linguagem simples e cotidiana tenha o mesmo efeito de qualquer outra.

Deus revelou a si próprio — foi Ele que nos revelou como Ele realmente é! Deus se autodeclarou. Ele se apresentou, se revelou a nós. Dessa forma, os tradutores mudam sua linguagem buscando chegar a esse maravilhoso milagre de significado.

Mas aquele homem que andava na Galileia era Deus agindo como Deus. Ele era Deus, deliberadamente limitado, que atravessara o amplo e misterioso abismo entre Deus e "não Deus"; Deus e criatura. Nenhum homem jamais vira a Deus em nenhum momento.

"O Deus unigênito, que está junto do Pai..." (JOÃO 1:18) — note que *estava* não é a conjugação! Também não diz que o Deus unigênito *estará* junto do Pai. Ele *está* junto do Pai. Afirma-se no tempo presente, perpétuo, penso que os gramáticos o chamam assim. É a linguagem da continuidade.

Portanto, quando Jesus estava pregado na cruz, Ele não deixou de estar junto ao Pai.

Você me pergunta, então: "Sr. Tozer, se isso é verdade, por que nosso Senhor Jesus clamou: 'Meu Deus, meu Deus, por que me desamparaste'" (MARCOS 15:34)?

Ele estava assustado? Ele estava enganado? Nunca, jamais!

A resposta deveria ser muito clara para nós, aqueles que o amam e o servem.

Mesmo quando Cristo Jesus morreu naquela cruz profana e imunda para benefício da humanidade, Ele nunca dividiu a Divindade. Como os antigos teólogos salientaram, não se pode dividir a essência. Todas as espadas de Nero jamais poderiam cortar a essência divina e separar o Pai do Filho.

Foi o filho de Maria que clamou: "Por que me desamparaste?". Era o corpo humano que Deus lhe dera.

Foi o sacrifício que clamou, o cordeiro prestes a morrer.

Foi o Jesus humano. Foi o Filho do Homem que clamou. Acredite que a antiga e atemporal Divindade jamais foi separada; Ele ainda estava junto do Pai quando clamou: "...nas tuas mãos entrego o meu espírito!" (LUCAS 23:46).

Portanto, a cruz não dividiu a Divindade, nada pode fazer isso. Uma para sempre, indivisível, a essência inteira, três pessoas inconfundíveis.

Ó, a maravilha da antiga teologia da Igreja cristã! Quão pouco sabemos dela nestes nossos dias cheios de vã superficialidade. Entretanto, deveríamos saber muito mais sobre ela.

"Ninguém jamais viu Deus; o Deus unigênito, que está junto do Pai, é quem o revelou" (JOÃO 1:18).

CRISTO EM NÓS

Deus age sempre como Ele mesmo, onde quer que esteja e o que quer que esteja fazendo; "em quem não pode existir variação ou sombra de mudança" (TIAGO 1:17). No entanto, Sua infinitude o coloca tão acima de todo o nosso saber que uma vida inteira gasta em cultivar o conhecimento sobre Ele deixa ainda tanto a ser aprendido como se nunca tivéssemos realmente começado a adquirir esse conhecimento.

O conhecimento ilimitado e a perfeita sabedoria de Deus permitem que Ele opere racionalmente além dos limites de nosso conhecimento racional. Por essa razão, não podemos prever as ações de Deus como podemos prever os movimentos dos corpos celestes; logo, Ele constantemente nos surpreende enquanto se move livremente pelo Seu Universo. Nós o conhecemos de forma tão imperfeita que se pode dizer que um concomitante invariável de um verdadeiro encontro com Deus é a satisfação maravilhosa. Não importa quão elevada seja nossa expectativa, quando Deus finalmente se mover para o campo de nossa consciência espiritual, certamente seremos surpreendidos por Seu poder ser ainda mais fascinante do que esperamos e mais abençoado e maravilhoso do que tínhamos imaginado que Ele poderia ser.

No entanto, em certa medida, Suas ações podem ser previstas, pois, como eu disse, Ele sempre age como Ele mesmo. Uma vez que sabemos, por exemplo, que Deus é amor, podemos ter certeza absoluta de que o amor estará presente em todos os Seus atos, seja na salvação de um pecador penitente ou na destruição de um mundo impenitente. Da mesma forma, podemos saber que Ele sempre será justo, fiel, misericordioso e verdadeiro.

Somente uma mente rara, suponho eu, estaria muito preocupada com a conduta de Deus naqueles reinos distantes que estão além da experiência humana. Mas quase todo mundo já se perguntou como Deus agiria se estivesse em nosso lugar. E podemos ter tido momentos em que sentimos que Deus não poderia entender o quão difícil é para nós vivermos corretamente em um mundo tão maligno como este. E podemos ter nos questionado como Ele agiria e o que faria se vivesse entre nós por algum tempo.

Imaginar coisas assim pode ser natural, mas é totalmente desnecessário. Sabemos como Deus agiria se estivesse em nosso lugar — *Ele esteve em nosso lugar*. É o mistério da piedade que Deus tenha se manifestado em carne humana. Ele era chamado pelo nome Emanuel, que significa *Deus conosco*.

Quando Jesus andou na Terra, Ele era um homem que agia como Deus; mas igualmente maravilhoso é que Ele também era Deus agindo como Ele mesmo na forma de um homem. Sabemos como Deus age no Céu porque o vimos agir na Terra. "Quem vê a mim vê o Pai. Como é que você diz: 'Mostre-nos o Pai'?" (JOÃO 14:9).

Por mais glorioso que isso seja, não para por aí. Deus ainda caminha entre os homens e, por onde quer que caminhe, Deus age como Ele mesmo. Não se trata de poesia, mas de um fato simples, verdadeiro, capaz de ser testado no laboratório da vida.

Cristo realmente habitar a natureza do crente regenerado é pressuposto, implícito e abertamente declarado nas Sagradas Escrituras. Elas dizem que todas as Pessoas da Divindade virão ao interior daquele que toma parte na verdade do Novo Testamento em fé e obediência: "Se alguém me ama, guardará a minha palavra; e o meu Pai o amará, e viremos para ele e faremos nele morada" (JOÃO 14:23). E a doutrina da morada do Espírito Santo é muito conhecida para precisar ser sustentada aqui; todos que são instruídos na Palavra de Deus, mesmo que superficialmente, entendem isso.

Seja o que Deus for, o Homem Cristo Jesus também é. Tem sido a crença firme da Igreja, desde os dias dos apóstolos, de que Deus não é apenas manifesto em Cristo, mas que Ele *é* manifesto como Cristo. Nos dias da controvérsia ariana, os Pais da Igreja foram levados a apresentar o ensino do Novo Testamento sobre este assunto em uma "regra" ou credo altamente condensado que pudesse ser aceito de modo definitivo por todos os cristãos. Eles fizeram isso com as seguintes palavras:

> A fé correta é que creiamos e confessemos que nosso Senhor Jesus Cristo, o Filho de Deus, é Deus e Homem: Deus da essência de Seu Pai, unigênito antes dos tempos; Homem da essência de Sua mãe, nascido no mundo. Deus perfeito e homem perfeito. Assim como a alma

e a carne legítimas são um só homem, assim Deus e o homem são um só Cristo.

Cristo, no coração do que crê, agirá da mesma forma que agiu na Galileia e na Judeia. Sua disposição é a mesma daqueles tempos. Ele foi santo, justo, compassivo, manso e humilde, e Ele não mudou. Ele é o mesmo onde quer que seja encontrado, seja à direita de Deus ou na natureza de um verdadeiro discípulo. Ele era amigável, amoroso, dedicado à oração, bondoso, reverente a Deus, abnegado enquanto caminhava entre os homens; não é razoável esperar que Ele seja o mesmo quando anda *no interior* dos homens?

> Os Pais da Igreja foram levados a apresentar o ensino do Novo Testamento sobre este assunto em uma "regra" ou credo que pudesse ser aceito de modo definitivo por todos os cristãos.

Por que, então, verdadeiros cristãos às vezes agem de maneira não cristã? Alguns costumam supor que, quando um cristão professo falha em mostrar a beleza moral de Cristo em sua vida, é uma prova de que ele foi enganado e não é realmente um cristão de verdade. Mas a explicação não é tão simples assim.

A verdade é que, embora Cristo habite na nova natureza do cristão, Ele tem uma forte concorrência com a velha natureza do cristão. A guerra entre o velho e o novo continua na maioria dos que creem. Isso é aceito como inevitável, mas o Novo Testamento não nos ensina isso. Um estudo orante de Romanos 6 a 8 aponta o caminho para a vitória. Se a Cristo for permitido dominar completamente, Ele viverá em nós como viveu na Galileia.

3

Espírito Santo

*O qual foi concebido
pelo Espírito Santo,
nasceu da virgem Maria*

Negligenciando ou negando a divindade de Cristo, os cristãos liberais cometeram um erro trágico, pois isso não lhes deixa nada senão um Cristo imperfeito cuja morte foi um mero martírio e cuja ressurreição é um mito. Aqueles que seguem um salvador meramente humano não seguem nenhum salvador, mas um ideal apenas, e (além disso) um que não pode fazer mais do que zombar de suas fraquezas e pecados. Se o Filho de Maria não era o Filho de Deus, em certo sentido nenhum outro homem é, e então não pode haver mais esperança para a raça humana. Se Aquele que chamou a si mesmo de a luz do mundo era apenas uma tocha cintilante, então a escuridão que envolve a Terra veio para ficar. Os chamados líderes cristãos ignoram isso, mas sua responsabilidade para com a alma de suas ovelhas não pode ser descartada com um dar de ombros. Deus ainda os levará a prestar contas do dano que causaram às pessoas que confiaram neles como guias espirituais.

Contudo, por mais culpável que seja o ato dos liberais em negar a divindade de Cristo, nós, que nos orgulhamos de nossa ortodoxia, não devemos permitir que nossa indignação nos cegue para nossas próprias falhas. Certamente este não é o momento para nos parabenizarmos, pois nós também, nos últimos anos, cometemos um erro enorme na religião, um erro paralelo e próximo ao dos liberais. Nosso erro (ou deveríamos dizer, francamente, nosso pecado?) foi negligenciar a doutrina do Espírito a um ponto em que praticamente negamos a Ele Seu lugar na Trindade. Essa negação não tem sido feita por uma declaração doutrinária aberta, pois nos agarramos suficientemente à posição bíblica no que diz respeito às nossas confissões. Nosso credo formal é sadio; *o colapso está em nossa crença de ação.*

Esta não é uma distinção insignificante. Uma doutrina só tem valor prático na medida em que é proeminente em nossos pensamentos e faz a diferença em nossa vida. Por esse teste, a doutrina do Espírito Santo, tal como defendida pelos cristãos evangélicos hoje, quase não tem valor prático. Na maioria das igrejas cristãs, o Espírito é totalmente negligenciado. Se Ele está presente ou ausente, não faz diferença real para ninguém. Faz-se breve referência a Ele na doxologia e na bênção. Além destes contextos, Ele poderia muito bem não existir. Nós o ignoramos tão completamente que é somente por cortesia que podemos ser chamados de trinitários. A doutrina cristã da Trindade declara corajosamente a igualdade das Três Pessoas e o direito do Espírito Santo de ser adorado e glorificado. Qualquer coisa menos do que isso é algo menos do que o trinitarismo.

NOSSA NEGLIGÊNCIA AO ESPÍRITO SANTO

Nossa negligência com a doutrina da bem-aventurada Terceira Pessoa teve e continua tendo sérias consequências, pois uma doutrina é como dinamite; ela deve ter ênfase suficientemente afiada para detonar antes que seu poder seja liberado. Caso contrário, pode ficar adormecida em nossas mentes por toda a nossa vida, sem efeito. A doutrina do Espírito é uma dinamite enterrada. Seu poder aguarda ser descoberto e usado pela Igreja. Todavia, o poder do Espírito não será concedido a ninguém que se preocupa apenas com a compreensão intelectual da doutrina do Espírito. O Espírito Santo absolutamente não se importa se escrevemos Seu nome em nossos credos no verso de nossos hinários; Ele aguarda a nossa *atenção*. Quando Ele entra no pensamento dos que ensinam, Ele chega à expectativa dos ouvintes. Quando o Espírito Santo deixa de ser ocasional e volta a ser fundamental, o poder do Espírito será afirmado mais uma vez entre as pessoas que se denominam cristãs.

A ideia do Espírito sustentada pelo membro comum da igreja é tão vaga a ponto de ser quase inexistente. Quando ele chega a pensar sobre o assunto, é provável que tente imaginar uma substância nebulosa como uma fumaça invisível, que dizem estar presente nas igrejas e pairar sobre as pessoas boas quando estão morrendo. Francamente, ele não crê em tal coisa, mas quer acreditar em algo, e, não se sentindo à altura da tarefa de examinar toda a verdade à luz das Escrituras, ele cede em manter a crença no Espírito o mais longe possível do centro de sua vida, deixando que isso não faça diferença em nada que o afete na prática. Isso descreve um número surpreendentemente grande de pessoas sinceras que estão realmente tentando ser cristãs.

Bem, de que maneira devemos pensar sobre o Espírito? Uma resposta completa pode muito bem chegar a uma dúzia de volumes. Na melhor das hipóteses, só podemos apontar para a "graciosa unção que vem do alto"[3] e esperar que o próprio desejo do leitor possa fornecer o estímulo necessário para incentivá-lo a conhecer a sagrada Terceira Pessoa por si mesmo.

Se eu li corretamente o registro da experiência cristã ao longo dos anos, aqueles que mais desfrutaram do poder do Espírito tiveram o mínimo a dizer sobre Ele por meio de tentativas de definição. Os santos da Bíblia que andaram no Espírito nunca tentaram explicá-lo. Nos tempos pós-bíblicos, muitos que estavam cheios pelo Espírito e tomados por Ele foram, pelas limitações de seus dons literários, impedidos de nos dizer muito sobre Ele. Eles não tinham dons para a autoanálise, mas viviam em seu coração uma simplicidade acrítica. Para eles, o Espírito era Aquele a ser amado e comungado da mesma forma que o próprio Senhor Jesus. Eles teriam se perdido completamente em qualquer discussão metafísica sobre a natureza do Espírito, mas não tinham

---

[3] Tradução livre de verso do hino *Great God, to Thee our heart we raise*, de John Julian (1839–1913).

nenhum problema em reivindicar o poder do Espírito para uma vida santa e um serviço frutífero.

É assim que deve ser. A experiência pessoal deve estar sempre em primeiro lugar na vida real. O mais importante é que experimentamos a realidade pelo método mais curto e direto. Uma criança pode comer alimentos nutritivos sem saber nada sobre química ou nutrição. Um menino do interior pode conhecer as delícias do amor puro sem nunca ter ouvido falar de Sigmund Freud ou Havelock Ellis. O conhecimento por experiência é sempre melhor do que o mero conhecimento por descrição, e o primeiro não pressupõe o segundo nem o exige.

Na religião, mais do que em qualquer outro campo da experiência humana, deve-se sempre ser feita uma distinção nítida entre *conhecer sobre* e *conhecer*. A distinção é a mesma entre conhecer sobre determinada comida e realmente ingeri--la. Um homem pode morrer de fome sabendo tudo sobre pão, e um homem pode permanecer espiritualmente morto enquanto conhece todos os fatos históricos do cristianismo. "E a vida eterna é esta: que conheçam a ti, o único Deus verdadeiro, e a Jesus Cristo, a quem enviaste" (JOÃO 17:3). Temos apenas que introduzir uma palavra a mais neste versículo para ver quão vasta é a diferença entre saber sobre e conhecer. "E a vida eterna é esta: que conheçam *sobre* ti, o único Deus verdadeiro, e a Jesus Cristo, a quem enviaste". Essa palavra faz toda a diferença entre a vida e a morte, pois vai até a raiz do versículo e muda sua teologia de forma radical e vital.

Por tudo isso, não subestimaríamos a importância do mero conhecimento. Seu valor está em sua capacidade de nos despertar para o desejo de conhecer na experiência real.

Assim, o conhecimento por descrição pode levar ao conhecimento por experiência. *Pode* levar, digo, mas não necessariamente o faz. Assim, não ousamos concluir que, só porque aprendemos sobre o Espírito, nós realmente o conhecemos. Conhecê-lo só vem por um encontro pessoal com o próprio Espírito Santo.

De que maneira devemos pensar a respeito do Espírito? Muito pode ser aprendido sobre o Espírito Santo a partir da própria palavra *espírito*. Espírito significa existência em um nível acima e além da matéria; significa a vida subsistindo de outro modo. Espírito é a substância que não tem peso, nem dimensão, nem tamanho, nem extensão no espaço. Essas qualidades pertencem à matéria e não podem ter aplicação ao espírito. No entanto, o espírito tem a verdadeira existência e é objetivamente real. Se isso for difícil de visualizar, simplesmente ignore, pois, na melhor das hipóteses, não passa de uma tentativa desajeitada da mente de apreender o que está acima dos poderes da mente. E nenhum dano é causado se, ao pensarmos sobre o Espírito, formos forçados pelas limitações de nosso intelecto a vesti-lo com os conhecidos trajes da forma material.

> Deve-se sempre ser feita uma distinção nítida entre conhecer sobre e conhecer.

A ESSÊNCIA DO ESPÍRITO SANTO

De que maneira devemos pensar a respeito do Espírito? A Bíblia e a teologia cristã concordam em ensinar que Ele é uma Pessoa, dotada de todas as qualidades de personalidade, como emoção, intelecto e vontade. Ele conhece, deseja, ama.

Ele sente afeto, antipatia e compaixão. Ele pensa, vê, ouve, fala e realiza qualquer ato do qual a personalidade é capaz.

Uma qualidade pertencente ao Espírito Santo, de grande interesse e importância para todos os que o buscam, é a capacidade de permear. Ele pode permear a mente; Ele pode permear outro espírito, como o espírito humano. Ele pode permear completamente, de fato, misturando-se ao espírito humano. Ele pode invadir o coração humano e abrir espaço para si mesmo sem expulsar nada essencialmente humano. A integridade da personalidade humana permanece intacta. Só o mal moral é forçado a retirar-se.

Não se pode evitar o problema metafísico envolvido aqui, bem como não se pode resolvê-lo. Como uma personalidade pode entrar em outra? A resposta sincera seria simplesmente que não sabemos, mas uma tentativa aproximada a um entendimento pode ser feita por uma simples analogia emprestada dos antigos escritores devocionais de várias centenas de anos atrás. Colocamos um pedaço de ferro no fogo e sopramos as brasas. No início, temos duas substâncias distintas, o ferro e o fogo. Quando colocamos o ferro no fogo, conseguimos que fogo permeie o ferro, e, então, temos não só o ferro no fogo, mas o fogo no ferro também. São duas substâncias distintas, mas que se envolveram e miscigenaram a um ponto em que as duas se tornaram uma só.

De maneira semelhante, o Espírito Santo permeia nosso espírito. Em toda a experiência, permanecemos nós mesmos. Não há destruição de substância. Cada um permanece um ser separado como antes; a diferença é que agora o Espírito permeia e preenche nossas personalidades, e somos *experimentalmente um com Deus*.

O Credo Apostólico testemunha da fé no Pai, no Filho e no Espírito Santo e não faz distinção entre os três.

Como devemos pensar sobre o Espírito Santo? A Bíblia declara que Ele é Deus. Toda qualidade pertencente ao Deus Todo-poderoso é livremente atribuída a Ele. Tudo o que Deus é, o Espírito é declarado ser. O Espírito de Deus é um com Deus e igual a Ele, assim como o espírito de um homem é igual ao homem e um com ele. Isso é tão plenamente ensinado nas Escrituras que podemos, sem prejuízo do argumento, omitir a formalidade dos textos de prova. O leitor mais despreocupado terá descoberto isso por si mesmo.

A Igreja histórica, quando formulou sua "regra de fé", corajosamente escreveu em sua confissão a sua crença na divindade do Espírito Santo. O Credo Apostólico testemunha da fé no Pai, no Filho e no Espírito Santo e não faz diferença entre os três. Os Pais da Igreja que compuseram o Credo Niceno testificaram em uma belíssima passagem a sua fé na divindade do Espírito:

> E creio no Espírito Santo, o Senhor e Doador da vida, que procede do Pai e do Filho; que com o Pai e o Filho juntos é adorado e glorificado.

A controvérsia ariana do século 4 obrigou os Pais da Igreja a declararem suas crenças com maior clareza do que antes. Entre os escritos importantes que apareceram na época, está o Credo Atanasiano. Quem o compôs pouco importa para nós agora. Foi escrito como uma tentativa de afirmar, com o menor número de palavras possível, o que a Bíblia ensina sobre a natureza de Deus; e isso foi feito com uma abrangência e precisão dificilmente igualáveis em qualquer lugar da literatura do mundo. Aqui estão algumas citações sobre a divindade do Espírito Santo:

> Há uma Pessoa do Pai, outra do Filho e outra
> do Espírito Santo.
> Mas a Divindade do Pai, do Filho e do Espírito Santo
> é uma só: a Glória igual, a Majestade coeterna.
> E nessa Trindade ninguém está acima ou depois do
> outro: nenhum é maior, ou menor que o outro;
> Mas as três Pessoas são coeternas juntas e coiguais.
> Para que, em todas as coisas, como já foi dito, a Unidade
> na Trindade e a Trindade na Unidade sejam adoradas.

Em sua hinódia sagrada, a Igreja reconheceu livremente a divindade do Espírito e, em seu canto inspirado, tem-no adorado com alegre desprendimento. Alguns de nossos hinos ao Espírito tornaram-se tão conhecidos que tendemos a perder seu verdadeiro significado pelas próprias circunstâncias de sua familiaridade. Um deles é o maravilhoso *Holy Ghost, with Light Divine* (Espírito Santo, com a Luz Divina); outro é mais recente: *Breathe on Me, Breath of God* (Sopra em mim, sopro de Deus); e há muitos outros. Eles foram cantados tantas vezes por pessoas que não tiveram nenhum conhecimento experiencial de seu conteúdo que, para a maioria de nós, tornaram-se quase sem sentido.

Entre as obras poéticas de Frederick Faber, encontrei um hino ao Espírito Santo que eu classificaria entre os melhores já escritos; mas, até onde sei, não foi musicado, ou, se foi, não é cantado hoje em nenhuma igreja que eu conheça. Será que a razão é porque ele incorpora uma experiência pessoal do Espírito Santo tão profunda, tão íntima, tão ardente que não corresponde a nada no coração dos adoradores, no evangelicalismo atual? Cito três estrofes:

> *Fonte do Amor!*
> *Verdadeiro Deus!*
> *Que, através dos dias eternos,*
> *Do Pai e do Filho,*
> *fluiu de maneiras não criadas!*

> *Eu temo a ti, Amor Não Gerado!*
> *Verdadeiro Deus! Única Fonte de Graça!*
> *E agora, diante do Teu bendito trono,*
> *Meu eu pecaminoso se humilha.*

> *Ó Luz! Ó Amor! Ó próprio Deus,*
> *Não me atrevo mais a olhar*
> *Para Teus maravilhosos atributos*
> *E seus caminhos misteriosos.*

Esses versos têm tudo para fazer um grande hino: teologia sadia, estrutura suave, beleza lírica, alta compactação de ideias profundas e uma carga completa de sentimento religioso elevado. No entanto, eles estão em completo abandono. Creio que um poderoso ressurgimento do poder do Espírito entre nós abrirá novamente fontes de hinódia há muito esquecidas.

Pois o ato de cantar não pode atrair o Espírito Santo, mas o Espírito Santo sempre traz consigo o canto.

O que temos na doutrina cristã do Espírito Santo é a divindade presente entre nós. Ele não é apenas o mensageiro de Deus; *Ele é Deus*. Ele é Deus em contato com Suas criaturas, realizando, no interior delas e entre elas, uma obra salvadora e renovadora.

As Pessoas da Trindade nunca trabalham separadamente. Não ousamos pensar nelas de forma a "dividir a essência". Todo ato de Deus é feito pelas três Pessoas. Deus nunca está presente, em lugar algum, em uma Pessoa sem as outras duas. Ele não pode se dividir. Onde o Espírito estiver, ali também estão o Pai e o Filho: "...e viremos para ele e faremos nele morada" (JOÃO 14:23). Para a realização de alguma obra específica, uma Pessoa pode, por um momento, ser mais proeminente do que as outras, mas nunca está sozinha. Deus está totalmente presente onde quer que Ele esteja.

Para a pergunta reverente "Como é Deus?", uma resposta adequada sempre será: "Ele é como Cristo". Porque Cristo é Deus, e o Homem que andou entre os homens na Palestina foi Deus agindo como Ele mesmo na situação conhecida em que Sua encarnação o colocou. Para a pergunta "Como é o Espírito?", a resposta deve ser sempre: "Ele é como Cristo", pois o Espírito é a essência do Pai e do Filho. Assim como eles são, Ele também é. Assim como nos sentimos em relação a Cristo e em relação a nosso Pai que está no Céu, também devemos nos sentir em relação ao Espírito do Pai e do Filho.

O Espírito Santo é o Espírito de vida, luz e amor. Em Sua natureza não criada, Ele é um mar ilimitado de fogo, fluindo, movendo-se sempre, realizando os propósitos eternos de Deus à medida que se move. Em relação à natureza, Ele realiza um tipo de obra; ao mundo, outro; e à Igreja, ainda outro. E cada ato dele está de acordo com a vontade do Deus Triúno. Ele nunca age por impulso nem se move baseado em uma decisão rápida ou arbitrária. Uma vez que Ele é o Espírito do Pai, Ele sente em relação ao Seu povo exatamente o mesmo que o Pai sente, portanto, não precisa haver de nossa parte nenhum sentimento de estranheza em Sua presença. Ele sempre agirá como Jesus, com compaixão para com os pecadores, com afeto caloroso para com os santos, com a mais terna piedade e amor para com o sofrimento humano.

ARREPENDENDO-NOS POR NOSSA NEGLIGÊNCIA

É hora de nos arrependermos, pois nossas transgressões contra a bendita Terceira Pessoa têm sido muitas e muito graves. Nós o temos maltratado amargamente na casa de Seus amigos. Nós o temos crucificado em Seu próprio templo como eles crucificaram o Filho Eterno na colina acima de Jerusalém. E os pregos que usamos não são de ferro, mas de coisas mais finas e preciosas, das quais a vida humana é feita. De nosso coração, tiramos os metais refinados da vontade, do sentimento e do pensamento, e deles moldamos os pregos da suspeita, rebeldia e negligência. Devido a pensamentos indignos sobre Ele e atitudes hostis em relação a Ele, nós o entristecemos e o apagamos dias sem fim.

O arrependimento mais verdadeiro e aceitável é reverter os atos e atitudes dos quais nos arrependemos. Mil anos de remorso por um ato errado não agradariam tanto a Deus quanto uma mudança de conduta e uma vida corrigida. "Que o ímpio abandone o seu mau caminho, e o homem mau, os seus pensamentos; converta-se ao SENHOR, que se compadecerá dele, e volte-se para o nosso Deus, porque é rico em perdoar" (ISAÍAS 55:7).

Podemos nos arrepender de uma maneira mais profunda dessa nossa negligência ao pararmos de negligenciar a Deus Espírito Santo. Comecemos a pensar nele como Alguém a ser adorado e obedecido. Vamos abrir todas as portas e convidá-lo a entrar. Que entreguemos a Ele todos os cômodos no templo de nosso coração e insistamos para que Ele entre e permaneça como Senhor e Mestre dentro de Sua própria morada. E lembremo-nos de que Ele é atraído pelo doce nome de Jesus como as abelhas são atraídas pelo perfume do trevo. Onde Cristo é honrado, o Espírito certamente se sentirá bem-vindo; onde Cristo é glorificado, Ele se moverá livremente, satisfeito e à vontade.

4

Crucificado

*Padeceu sob o poder de Pôncio Pilatos,
foi crucificado, morto e sepultado,
Desceu ao mundo dos mortos*

Há uma estranha conspiração de silêncio no mundo de hoje — mesmo nos círculos religiosos — sobre a responsabilidade do homem pelo pecado, sobre a realidade do julgamento e sobre um Deus ultrajado e a necessidade de um Salvador crucificado.

Por outro lado, há um movimento aberto e poderoso circulando por todo o mundo planejado para dar às pessoas paz de espírito, aliviando-as de qualquer responsabilidade histórica pelo julgamento e crucificação de Jesus Cristo. O problema dos decretos e pronunciamentos modernos em nome da fraternidade e da tolerância é a sua equivocada concepção básica da teologia cristã.

Uma grande sombra repousa sobre cada homem e cada mulher: o fato de que nosso Senhor foi machucado, ferido e crucificado em favor de toda a raça humana. Essa é a responsabilidade humana elementar da qual os homens tentam se afastar e fugir.

Não culpemos eloquentemente Judas nem Pilatos. Não torçamos o nariz e acusemos Judas, dizendo: "Ele o vendeu por dinheiro!". Tenhamos pena de Pilatos, o fraco, porque não teve coragem suficiente para defender a inocência do homem que ele declarou não ter feito nada de errado. Não amaldiçoemos os judeus por terem entregado Jesus para ser crucificado. Não vamos apontar os romanos ao culpá-los por colocar Jesus na cruz.

Ah, eles foram culpados, certamente! Mas eles foram nossos cúmplices no crime. Nós e eles o colocamos na cruz, não somente eles. Essa maldade e raiva crescentes que ardem em você hoje o colocaram lá. Essa desonestidade fundamental que vem à tona em seu ser quando você conscientemente trapaceia e frauda em sua declaração de imposto de renda, é isso o que o colocou na cruz. O mal, o ódio, a suspeita, o ciúme, a língua mentirosa, a carnalidade, o amor carnal do prazer — tudo isso no homem natural se uniu para colocá-lo na cruz.

NOSSA RESPONSABILIDADE

Nós o colocamos lá. Podemos muito bem admitir isso. Cada um de nós, descendentes de Adão, teve uma participação em colocá-lo na cruz!

Muitas vezes me pergunto como qualquer cristão confesso poderia se aproximar da mesa da Comunhão e participar do memorial da morte de nosso Senhor sem sentir a dor

Crucificado

e a vergonha da confissão interior: "Eu também estou entre aqueles que ajudaram a colocá-lo na cruz"!

Lembro que é característico do homem natural manter-se tão ocupado com esforços sem importância que é capaz de evitar a resolução das questões mais importantes relativas à vida e à existência.

Homens e mulheres se reunirão em qualquer lugar e em todos os lugares para falar e discutir todos os assuntos, desde a última moda até Platão e filosofia — subindo e descendo nessa escala. Falam da necessidade pela paz. Eles podem falar sobre a Igreja e como ela pode ser um baluarte contra o comunismo. Nenhum desses assuntos soa constrangedor.

Mas toda a conversa cessa e o tabu do silêncio se torna eficaz quando alguém ousa sugerir que há assuntos espirituais de vital importância para nossas almas a serem discutidos e considerados. Parece haver uma regra não escrita na sociedade educada de que, se algum assunto religioso for discutido, deve ser dentro da estrutura da teoria — "nunca deixe que se torne pessoal!".

Ao mesmo tempo, há realmente apenas uma coisa que é de grande importância e duradoura: o fato de que nosso Senhor Jesus Cristo "foi traspassado por causa das nossas transgressões e esmagado por causa das nossas iniquidades; o castigo que nos traz a paz estava sobre ele, e pelas suas feridas fomos sarados" (ISAÍAS 53:5).

Há duas palavras muito fortes e terríveis aqui: *transgressões* e *iniquidades*.

Uma *transgressão* é uma ruptura, uma revolta em relação à autoridade justa. Em todo o universo moral, apenas o homem e os anjos caídos se rebelaram e violaram a autoridade de

Deus, e os homens ainda estão em flagrante rebelião contra essa autoridade.

Não há expressão em nossa língua que consiga transmitir todo o peso e força do terror inerente às palavras *transgressão* e *iniquidade*. Mas, na queda e transgressão do homem contra a ordem criada e a autoridade de Deus, reconhecemos perversão, distorção, deformidade, tortuosidade e rebelião. Tudo isso está lá e, inegavelmente, repercute a razão e a necessidade da morte de Jesus Cristo na cruz.

A palavra *iniquidade* não é uma palavra boa — e Deus sabe como a odiamos! Mas as consequências da iniquidade não podem ser evitadas. O profeta nos lembra claramente de que o Salvador foi ferido por causa das "nossas iniquidades".

Negamos e dizemos: "Não!", mas as impressões digitais de toda a humanidade são evidências claras contra nós. As autoridades não têm dificuldade em encontrar e deter o assaltante desajeitado que deixa as suas impressões digitais em mesas e maçanetas, pois elas são o vestígio dele. Assim, as impressões digitais do homem são encontradas em cada porão escuro, beco e em cada lugar mal iluminado em todo o mundo — as impressões digitais de cada homem são registradas, e Deus reconhece cada um. É impossível escapar de nossa culpa e colocar nossas responsabilidades morais sobre outra pessoa. É uma questão altamente pessoal — "nossas iniquidades".

IMPLICAÇÕES DA CRUCIFICAÇÃO
Por causa das nossas iniquidades e transgressões, Ele foi traspassado e ferido. Não gosto nem de lhes falar das implicações de feri-lo. Isso realmente significa que Ele foi profanado e esmagado, manchado e contaminado. Ele era Jesus Cristo

quando os homens o tomaram em suas mãos perversas. Rapidamente foi humilhado e profanado. Arrancaram-lhe a barba. Ele foi manchado com Seu próprio sangue, contaminado com a sujeira da terra. No entanto, Ele não acusou nem amaldiçoou ninguém. Ele era Jesus Cristo, Aquele que foi ferido.

O grande peso e surpreendente erro de Israel foi seu julgamento de que aquele ferido na encosta nos arredores de Jerusalém estava sendo punido por Seu próprio pecado.

Isaías previu esse erro histórico de julgamento, e ele mesmo era judeu, dizendo: "Pensamos que Ele fora ferido por Deus. Pensamos que Deus o estava punira por Sua própria iniquidade, pois não sabíamos então que Deus o estava punindo por nossas transgressões e iniquidades". Ele foi profanado por nossa causa. Aquele que é a segunda pessoa da Trindade não foi apenas ferido por nós, mas também foi profanado por homens ignorantes e indignos.

Isaías relatou que "o castigo que nos trouxe a paz estava sobre ele". Como são poucos os que percebem que é esta paz — a saúde, a prosperidade, o bem-estar e a segurança do indivíduo — que nos restitui a Deus! Um castigo caiu sobre Ele para que nós, como seres humanos individuais, pudéssemos experimentar a paz com Deus, se assim o desejássemos. Entretanto, o castigo estava sobre Ele. Repreensão, disciplina e correção são encontradas no castigo. Jesus foi espancado e açoitado em público pelo decreto dos romanos. Eles o atacaram em público como mais tarde atacaram Paulo. Eles o chicotearam e o castigaram à vista do público zombeteiro, e Sua pessoa machucada, sangrando e inchada era a resposta para a paz do mundo e para a paz do coração humano. Ele foi castigado pela nossa paz; os golpes caíram sobre Ele.

Suponho que não haja punição mais humilhante jamais concebida pela humanidade do que a de açoitar homens adultos à vista do público. Muitos homens que foram colocados em uma prisão se tornaram uma espécie de herói aos olhos do público. Pesadas multas foram aferidas contra vários infratores da lei, mas não é incomum que tal infrator se vanglorie e se gabe de sua fuga. Todavia, quando um homem mau é exposto diante de uma multidão risonha e zombeteira, despido até a cintura e chicoteado como uma criança malcriada, ele perde a reputação e não tem mais do que se vangloriar. Ele provavelmente nunca mais será o homem ousado e mau que era antes. Esse tipo de açoite e castigo abate o espírito e humilha. O desgosto é pior do que a chibatada nas costas.

Falo por mim mesmo como um pecador perdoado e justificado, e creio que falo por uma grande multidão de homens e mulheres perdoados e nascidos de novo quando digo que, em nosso arrependimento, sentimos apenas uma fração e apenas um sinal da ferida e do castigo que caíram sobre Jesus Cristo quando Ele estava em nosso lugar e em nosso favor. Um homem verdadeiramente penitente, que percebeu a enormidade de seu pecado e rebelião contra Deus, sente uma violenta repulsa contra si mesmo — ele não sente que pode realmente ousar pedir a Deus que o liberte. Mas a paz foi estabelecida, pois os golpes recaíram sobre Jesus Cristo. Ele foi publicamente humilhado e desonrado como um ladrão comum, ferido e machucado e ficou ensanguentado sob o chicote, por pecados que Ele não cometeu, por rebeliões das quais Ele não participou, pela iniquidade da linhagem humana que era um ultraje a um Deus amoroso e Criador.

SIGNIFICADO DA CRUCIFICAÇÃO
Isaías resume sua mensagem de expiação substitutiva com a boa nova de que "pelas suas feridas fomos sarados".

O significado dessas "feridas" na língua original não é uma descrição agradável. Significa estar realmente machucado e ferido até que todo o corpo esteja roxo, como um grande hematoma. A humanidade sempre usou esse tipo de laceração corporal como medida punitiva. A sociedade sempre insistiu no direito de punir um homem por seus próprios delitos. A punição é geralmente adequada à natureza do crime. É uma espécie de vingança — a sociedade se vingando da pessoa que ousou ignorar as regras.

Mas o sofrimento de Jesus Cristo não era punitivo. Não foi por Ele mesmo nem para punição de nada que Ele tivesse feito.

O sofrimento de Jesus foi corretivo. Ele estava disposto a sofrer para que Ele pudesse nos corrigir e nos aperfeiçoar, para que Seu sofrimento não começasse e terminasse em sofrimento, mas que começasse em sofrimento e terminasse em cura.

Irmãos, essa é a glória da cruz! Essa é a glória do tipo de sacrifício que esteve por tanto tempo no coração de Deus! Essa é a glória do tipo de expiação que permite que um pecador arrependido entre em comunhão pacífica e graciosa com seu Deus e Criador! Começou em Seu sofrimento e terminou em nossa cura. Começou em Suas feridas e terminou em nossa purificação. Começou em Suas pisaduras e terminou em nossa limpeza.

O que é o nosso arrependimento? Descobri que o arrependimento é principalmente remorso pela participação que tivemos na revolta que feriu Jesus Cristo, nosso Senhor. Além disso, descobri que os homens verdadeiramente arrependidos nunca conseguem superar isso, pois o arrependimento não é um estado de mente e espírito que se despede assim que Deus concede perdão e assim que a purificação é cumprida.

Essa convicção dolorosa e aguda que acompanha o arrependimento pode muito bem diminuir, e uma sensação de paz e purificação virá, mas mesmo o mais santo dos homens justificados pensará em sua participação na ferida e no castigo do Cordeiro de Deus. Um sentimento de choque ainda virá sobre ele. Um sentimento de admiração permanecerá — admiração de que o Cordeiro que foi ferido transforme Suas feridas na purificação e no perdão de alguém que o feriu.

Isso traz à mente um movimento gracioso em muitos de nossos círculos nas igrejas evangélicas: a disposição de avançar em direção à pureza espiritual do coração, ensinada e exemplificada tão bem por John Wesley, em um tempo de secura espiritual.

Apesar de a palavra *santificação* ser uma boa palavra bíblica, já vivemos um período em que as igrejas evangélicas mal ousaram sussurrar a palavra por medo de serem denominadas como "crentes do sapateado".

Não apenas a boa palavra santificação está voltando, mas tenho esperança de que aquilo que a palavra representa no coração e na mente de Deus também esteja voltando. O cristão que crê, que é filho de Deus, deveria ter um anseio e desejo santos pelo coração puro e mãos limpas, que são um deleite para o seu Senhor. Foi por isso que Jesus Cristo se deixou humilhar, maltratar, lacerar. Ele foi ferido, machucado e castigado para que o povo de Deus pudesse ser um povo purificado e espiritual, a fim de que a nossa mente e nossos pensamentos pudessem ser puros. Toda essa provisão começou em Seu sofrimento e termina em nossa purificação. Começou com Suas feridas abertas e sangrando e termina em corações pacíficos e comportamento calmo e alegre em Seu povo.

NOSSO ESPANTO E ADMIRAÇÃO
Todo crente humilde e devoto em Jesus Cristo deve ter seus próprios períodos de admiração e espanto com este mistério de piedade: a disposição do Filho do Homem de tomar nosso lugar no julgamento e no castigo. Se o espanto já cessou totalmente, algo está errado, e você precisa que a terra seca seja lavrada novamente!

Costumo lembrar que Paulo, um dos homens mais santos que já viveram, não se envergonhava de seus tempos de lembrança e admiração sobre a graça e a bondade de Deus. Ele sabia que Deus não guardava seus velhos pecados contra ele para sempre. Sabendo que a conta estava toda paga, o coração feliz de Paulo assegurou-lhe repetidas vezes que tudo estava bem. Ao mesmo tempo, Paulo só podia balançar a cabeça com espanto e confessar: "Não sou digno do meu chamado, mas, pela Sua graça, sou uma nova criação em Jesus Cristo!".

Estabeleço esse ponto sobre a fé, a segurança e o regozijo de Paulo a fim de dizer que, se esse humilde senso de penitência perpétua esgotar-se em nosso ser justificado, estamos no caminho do retrocesso.

Charles Finney, um dos maiores homens de Deus ao longo dos anos, testificou que, durante sua labuta e esforços para levar os homens a Cristo, ele às vezes sentia uma frieza em seu próprio coração.

Finney não se justificou. Em seus escritos, ele contou sobre ter que se afastar de todas as suas atividades, buscando novamente a face e o Espírito de Deus em jejum e oração. "Lavrei meu coração até incendiar-me e encontrar Deus", escreveu. Que fórmula útil e bendita para os filhos de Deus dedicados em todas as gerações!

Aqueles que compõem o corpo de Cristo, Sua Igreja, devem estar interiormente conscientes de dois fatos básicos se quiserem ser alegremente eficazes para o nosso Senhor. Devemos ter o conhecimento positivo de que estamos limpos por meio de Seus machucados, com a paz de Deus realizada por meio de Suas feridas. É assim que Deus nos garante que podemos estar bem por dentro. Nessa condição espiritual, valorizaremos a pureza de sermos limpos por Ele e não justificaremos nenhum mal ou transgressão. Além disso, devemos manter sobre nós um alegre e convincente sentimento de gratidão pelo Único que foi ferido, nosso Senhor Jesus Cristo. Ó, que mistério de redenção — que as pisaduras de Um curaram as pisaduras de muitos; que os machucados de Um curaram os machucados de milhões; que as feridas de Um curaram as feridas de muitos.

As feridas e os machucados que deveriam ter caído sobre nós caíram sobre Ele, e somos salvos por causa dele!

Há muitos anos, um grupo histórico de presbiterianos ficou impressionado pela maravilha e pelo mistério de Cristo ter vindo em carne para se entregar como oferta pelo pecado de cada homem.

Aqueles humildes cristãos disseram uns aos outros: "Caminhemos suavemente e examinemos nossos corações, esperemos em Deus e busquemos Sua face durante os próximos três meses. Então chegaremos à mesa da Comunhão com o coração preparado, para que a mesa de nosso Senhor não se torne uma coisa comum e descuidada". Deus ainda busca corações humildes, limpos e confiantes para, por meio deles, revelar Seu poder divino, graça e vida. Um botânico profissional da universidade pode descrever o arbusto de acácia do deserto melhor do que Moisés poderia descrever, mas Deus ainda está procurando as almas humildes que não se satisfarão até que Deus fale por meio do fogo divino na sarça.

Poderíamos contratar um cientista pesquisador para nos dizer mais sobre os elementos e propriedades encontrados no pão e no vinho do que os apóstolos jamais souberam. Mas este é o nosso perigo: podemos ter perdido a luz e o calor da presença de Deus, e talvez tenhamos apenas pão e vinho. O fogo terá saído da sarça, e a glória não estará em nosso ato de comunhão.

Não é tão importante que conheçamos toda a história e todos os fatos científicos, mas é muito importante que desejemos, conheçamos e valorizemos a presença do Deus Vivo, que deu "Jesus Cristo, o Justo. E Ele é a propiciação pelos nossos pecados — e não somente pelos nossos próprios, mas também pelos do mundo inteiro" (1 JOÃO 2:1-2).

UMA NOTA SOBRE CRISTO DESCENDO AO MUNDO DOS MORTOS

Acrescentarei uma palavra sobre Cristo descendo ao mundo dos mortos e pregando aos espíritos em prisão. Embora o significado dessas frases possa ser obscuro, não o ignorarei por uma série de razões. Primeiro, temos todas as passagens bíblicas por inspiração divina, mesmo as obscuras. Se nosso Senhor não quisesse que nós as explicássemos, ou tentássemos entendê-las, Ele não as teria colocado aqui. Passagens obscuras precisam ser tratadas com respeito, mesmo que ainda não as entendamos completamente.

Em segundo lugar, quero que as pessoas sejam plenamente informadas. Não podemos ser informados se pularmos as partes difíceis e dominarmos apenas as porções nas Escrituras que podem ser compreendidas mais facilmente.

Terceiro — e esta é a razão mais importante — os falsos mestres se especializam em textos difíceis. A heresia sempre prospera na obscuridade, ou em passagens obscuras. A heresia morre quando a luz plena de Deus a alcança.

Se eu fosse levá-lo a uma fazenda, eu poderia lhe dizer: "Bem, aqui você encontrará maçãs, pêssegos e uvas. E aqui estão melancias, melões e batatas-doces". Eu poderia nomear 15 ou 20 frutas, legumes ou grãos comestíveis e dizer: "Bem, tudo isso é seu. Tome conta disso — *trabalhe*".

E se eu voltasse um mês depois e encontrasse meus convidados quase morrendo de fome? Eu lhes diria: "Qual é o problema? Vocês parecem subnutridos".

Eles poderiam responder: "Bem, estamos subnutridos porque encontramos uma planta que não conseguimos identificar. Há uma planta por detrás do velho toco de carvalho, lá atrás, perto do fim do campo mais afastado, logo depois da colina. E nós passamos um mês tentando identificar esta planta".

E isso é exatamente o que muitos filhos de Deus fazem. Eles morrem de fome, com as hortaliças crescendo até a altura do joelho, porque há uma plantinha na parte de trás do campo que eles não conseguem identificar. Os hereges sempre farão você morrer de fome enquanto você se preocupar com uma passagem obscura das Escrituras.

Todos nós cremos no Credo Apostólico e no que ele diz sobre nosso Senhor,

> *O qual foi concebido pelo Espírito Santo,*
> *nasceu da virgem Maria;*
> *padeceu sob o poder de Pôncio Pilatos,*
> *foi crucificado, morto e sepultado,*
> *ressuscitou no terceiro dia;*

Agora é assim que muitos de nós, protestantes, o recitamos. Mas o antigo Credo Apostólico diz assim:

> *O qual foi concebido pelo Espírito Santo,*
> *nasceu da virgem Maria;*
> *padeceu sob o poder de Pôncio Pilatos,*
> *foi crucificado, morto e sepultado,*
> *desceu ao mundo dos mortos,*
> *ressuscitou no terceiro dia.*

Ora, o antigo credo estava apenas dizendo o que foi dito pelo apóstolo:

> *Pois também Cristo padeceu, uma única vez, pelos pecados, o justo pelos injustos, para conduzir vocês a Deus; morto, sim, na carne, mas vivificado no espírito, no qual também foi e pregou aos espíritos em prisão, os quais, noutro tempo, foram desobedientes, quando Deus aguardava com paciência nos dias de Noé, enquanto se preparava a arca, na qual poucas pessoas, apenas oito, foram salvas através da água.* 1 PEDRO 3:18-20

As Escrituras falam de "espíritos em prisão", e pelo menos alguns deles são identificados como sendo a parte desobediente da população da Terra na época do dilúvio de Noé. Eles ouviram a mensagem que Noé pregou, e a negaram ou rejeitaram, e pereceram junto com suas más ações na vinda do dilúvio. Essa passagem nos ensina que todos os "desobedientes" foram para o lugar dos mortos, chamados de *Hades* no Novo Testamento e *Sheol* no Antigo Testamento.

Na crucificação, quando o espírito de Jesus Cristo estava livre do corpo crucificado, Seu Espírito não pairou sobre o sepulcro. O Filho eterno — em Seu espírito — tinha uma obra a fazer. Quando Ele "desceu ao mundo dos mortos", Ele não desceu ao *fogo do inferno para punição*, mas desceu ao *lugar dos mortos*. Ali Ele pregou a Palavra àqueles que haviam morrido, cujos espíritos estavam confinados ali.

O Cristo crucificado lhes disse que o julgamento havia chegado e que Ele justificou os caminhos de Deus ao homem, explicando o que havia acontecido para que eles soubessem que estavam sendo tratados como seres inteligentes e morais. Nosso Senhor foi até eles em Seu Espírito, pregou-lhes e explicou como as coisas eram, para que a justiça fosse feita.

Algo semelhante acontece nos tribunais comuns ingleses ou americanos. As provas foram ouvidas, o júri sai e delibera, e eles declaram o réu culpado. O juiz diz: "O réu, por favor, levante-se e fique de frente para o tribunal". O réu se levanta, e o juiz diz algo nesse sentido: "Todas as provas foram ouvidas, e um júri de seus pares decidiu, a partir das provas, que você é culpado deste crime. Antes de ser condenado, há algo que queira dizer?".

Em outras palavras, estamos prestes a sentenciá-lo e queremos esclarecer toda essa questão. "Tem algo a dizer?" Normalmente, o réu não diz nada, mas, se houvesse alguma coisa, o juiz concederia uma consideração respeitosa.

Então Deus diz que todos os ímpios foram varridos como por um dilúvio, lançados ao lugar dos mortos, e eles nunca verão a bem-aventurança do Céu. Mas são humanos, são criaturas morais. Eles são capazes de exercer o julgamento por direito próprio. Portanto, o eterno Filho de Deus foi diante dos espíritos em prisão e pregou-lhes como se estivessem vivos. Eles estavam vivos em seu espírito, tinham pecado na carne e deviam ser julgados pelos dias em que viveram na carne.

> Precisamos de um escudo da verdade para nos erguermos contra os dardos inflamados do engano.

Ele pregou a libertação aos resgatados e o julgamento aos perdidos. Ele levou Seus resgatados consigo e deixou os perdidos para o julgamento final. Todos — os que estão debaixo da Terra, e os que estão na Terra, e todas as criaturas em toda parte — admitirão que "Jesus Cristo é Senhor, para a glória de Deus Pai" (FILIPENSES 2:11).

Precisamos entender passagens obscuras das Escrituras, mesmo que elas não nos abençoem no momento. Precisamos de um escudo da verdade para nos erguermos contra os dardos inflamados do engano. Com cabeças baixas e mentes reverentes, recebemos o entendimento sobre as coisas difíceis e obscuras, bem como as coisas fáceis das Escrituras.

5

Ressuscitado e elevado ao Céu

*Ressuscitou no terceiro dia,
subiu ao céu, e
está sentado à direita de Deus Pai, todo-poderoso*

A celebração da ressurreição de Cristo começou muito cedo na Igreja e continua sem interrupção até hoje. Dificilmente, há uma igreja em qualquer lugar que não guarde a Páscoa de alguma maneira, seja simplesmente cantando um hino sobre a ressurreição ou realizando os ritos mais elaborados.

Ignorando a derivação etimológica da palavra *Páscoa* e a polêmica que uma vez se levantou em torno da questão da data em que deve ser observada, e admitindo (como devemos) que, para milhões de pessoas, a coisa toda é pouco mais do que uma festa pagã, quero perguntar e tentar responder a duas perguntas. Primeiro: "Do que se trata a ressurreição?"; segundo: "Que significado prático ela tem para o mero cristão comum de hoje?".

A primeira questão pode ser tanto respondida brevemente como a sua resposta pode chegar a mil páginas. O real significado do dia decorre de um evento, um sólido acontecimento histórico que ocorreu em uma determinada data em uma localização geográfica que pode ser identificada em qualquer bom mapa do mundo. A ressurreição foi anunciada primeiro pelos dois homens que estavam ao lado do sepulcro vazio e disseram simplesmente: "Ele não está aqui; ressuscitou..." (MATEUS 28:6; VEJA LUCAS 24:4), e mais tarde foi afirmada solenemente nas belas palavras de quem o viu depois de Sua ressurreição:

> *Mas, de fato, Cristo ressuscitou dentre os mortos, sendo ele as primícias dos que dormem. Visto que a morte veio por um homem, também por um homem veio a ressurreição dos mortos. Porque, assim como, em Adão, todos morrem, assim também todos serão vivificados em Cristo. Cada um, porém, na sua ordem: Cristo, as primícias; depois, os que são de Cristo, na sua vinda.* 1 CORÍNTIOS 15:20-23

É disso que se trata a ressurreição. O Homem chamado Jesus está vivo depois de ter sido publicamente morto por crucificação. Os soldados romanos o pregaram na cruz e o observaram até que a vida tivesse se esvaído dele. Em seguida, um grupo de pessoas responsáveis, liderado por José de Arimateia, retirou o corpo da cruz e o colocou em um túmulo, que as autoridades romanas selaram e em frente ao qual puseram vigias para garantir que o corpo não fosse roubado por zelosos, porém equivocados, discípulos. Essa última precaução foi uma ideia proposta pelos sacerdotes e fariseus, e como ela saiu pela culatra é algo que entrou para a história, pois confirmou indubitavelmente o fato de que o corpo estava completamente morto e que só poderia ter saído do túmulo por algum milagre.

Apesar do sepulcro, dos vigias e do selo, apesar da própria morte, o Homem que havia sido colocado no lugar de morte saiu de lá vivo no terceiro dia. Esse é o simples fato histórico atestado por mais de 500 pessoas confiáveis, entre elas um homem que alguns estudiosos dizem ter tido um dos intelectos mais poderosos de todos os tempos. Esse homem, é claro, foi Saulo, que mais tarde se tornou discípulo de Jesus e ficou conhecido como Paulo, o apóstolo. Isso é o que a Igreja tem crido e celebrado ao longo dos séculos. Isso é o que a Igreja celebra hoje.

Dado que tudo isso é verdade, o que isso significa ou pode significar para nós, que vivemos tão distantes da região onde ocorrera o evento e tão distantes temporalmente de sua época? Vários milhares de quilômetros e quase 2.000 anos nos separam daquela primeira manhã radiante de Páscoa. Além da alegria do retorno da primavera (no hemisfério norte) e da doce música e da sensação de alegria associada ao dia, que relevância prática tem para nós a Páscoa?

Tomando emprestadas as palavras de Paulo: "Muita, sob todos os aspectos" (ROMANOS 3:2). Para começar, qualquer dúvida sobre a morte de Cristo foi para sempre esclarecida por Sua ressurreição. Ele foi "designado Filho de Deus com poder, segundo o Espírito de santidade, pela ressurreição dos mortos" (ROMANOS 1:4). Além disso, Seu lugar na intrincada teia da profecia do Antigo Testamento foi totalmente estabelecido quando Ele ressuscitou. Quando Ele caminhou com os dois discípulos desanimados após Sua ressurreição, Ele os repreendeu por causa da incredulidade deles e depois perguntou: "Não é verdade que o Cristo tinha de sofrer e entrar na sua glória? E, começando por Moisés e todos os Profetas, explicou-lhes o que constava a respeito dele em todas as Escrituras" (LUCAS 24:26-27).

> Ele não podia nos salvar somente pela cruz. Ele devia ressuscitar dos mortos para dar validade à Sua obra acabada.

Então, deveria ser lembrado que Ele não podia nos salvar apenas pela cruz. Ele devia ressuscitar dos mortos para dar validade à Sua obra acabada. Um Cristo morto seria tão indefeso quanto aqueles que Ele tentou salvar. Ele "ressuscitou para a nossa justificação" (ROMANOS 4:25), disse Paulo, e, ao dizer isso, declarou que nossa esperança de justiça dependia da capacidade de nosso Senhor de vencer a morte e ressuscitar além do poder dela.

É de grande importância prática para nós sabermos que *o Cristo que reviveu ainda vive*. "Portanto, toda a casa de Israel esteja absolutamente certa de que a este Jesus, que vocês crucificaram, Deus o fez Senhor e Cristo" (ATOS 2:36), disse Pedro no dia de Pentecostes; e isso de acordo com as próprias palavras de nosso Senhor: "Toda a autoridade me foi dada no céu e na terra" (MATEUS 28:18), e com as palavras de Hebreus: "Ora, o essencial das coisas que estamos dizendo é que temos tal sumo sacerdote, que se assentou à direita do trono da Majestade nos céus" (HEBREUS 8:1).

Ele não só ainda vive como também *nunca mais pode morrer*. "Sabendo que, havendo Cristo ressuscitado dentre os mortos, já não morre; a morte já não tem domínio sobre ele" (ROMANOS 6:9).

Por fim, tudo o que Cristo é, tudo o que Ele realizou por nós está disponível para nós agora, se obedecermos e confiarmos.

Somos mais que vencedores, por meio do triunfo do nosso Capitão. Vamos gritar a vitória enquanto seguimos em frente.

À DIREITA DE DEUS PAI

Correndo o risco de soar mais do que um pouco repetitivo, quero exortar novamente que nós, cristãos, olhemos novamente para nossas ênfases doutrinárias.

Se quisermos conhecer o poder da verdade, devemos enfatizá-la. A verdade do credo é o carvão inerte nas profundezas da terra à espera de libertação. Escave-o, coloque-o na câmara de combustão de algum motor enorme, e a poderosa energia que está adormecida há séculos criará luz e calor e fará com que o maquinário de uma grande fábrica entre em ação produtiva. A teoria do que é carvão nunca movimentou uma roda nem aqueceu uma lareira. O poder deve ser liberado para ser eficaz.

Na obra redentora de Cristo, três grandes momentos podem ser observados: Seu nascimento, Sua morte e Sua subsequente elevação à destra de Deus. Esses são os três pilares principais que sustentam o templo do cristianismo. Sobre eles repousam todas as esperanças da humanidade, em todos os tempos. Tudo o mais que Ele realizou tem seu significado advindo dessas três ações divinas.

É imperativo que acreditemos em todas essas verdades, mas a grande questão é onde colocar a ênfase. Qual verdade deve, em determinado momento, receber a ênfase mais contundente? Somos exortados a olhar para Jesus, mas para onde olharemos? Para Jesus na manjedoura? Na cruz? No trono? Essas perguntas estão longe de ser acadêmicas. É de grande importância prática para nós que obtenhamos a resposta certa.

É claro que devemos incluir em nosso credo completo a manjedoura, a cruz e o trono. Tudo o que é simbolizado por esses três objetos deve estar presente ao olhar da fé. Tudo é necessário para uma compreensão adequada do evangelho cristão. Nenhum princípio único de nosso credo deve ser abandonado ou mesmo flexibilizado, pois cada um está unido ao outro por um vínculo vivo. Mas, embora toda verdade deva ser sempre considerada inviolada, nem toda verdade deve ser sempre enfatizada igualmente com todas as outras. Nosso Senhor indicou isso quando falou do mordomo fiel e prudente que deu aos servos da casa de seu mestre "o sustento no devido tempo" (LUCAS 12:42).

> Temos de incluir em nosso credo completo a manjedoura, a cruz e o trono.

Maria deu à luz seu Filho primogênito, envolveu-o em panos e o colocou em uma manjedoura. Homens sábios vieram adorá-lo, pastores se maravilharam e anjos proclamaram a paz e a boa vontade aos homens. Tudo somado, essa cena é tão castamente bela, tão arrebatadora, tão terna, que algo parecido não é encontrado em nenhum lugar da literatura mundial. Não é difícil entender por que os cristãos tendem a colocar tanta ênfase na manjedoura, na virgem de olhos meigos e no menino Jesus. Em certos círculos cristãos, a maior ênfase é dada à criança na manjedoura. O porquê disso é compreensível, mas a ênfase é, no entanto, descabida. Cristo nasceu para se tornar um homem e se tornou um homem para que Ele pudesse dar Sua vida em resgate de muitos. Nem o nascimento nem a morte foram os alvos finais. Assim como Ele nasceu para morrer, Ele morreu para que pudesse expiar e ressuscitar para que pudesse justificar livremente todos os que se refugiam nele. Seu nascimento e Sua morte são história. Sua aparição no propiciatório não é história passada, mas um fato presente, contínuo; para o cristão instruído, o fato mais glorioso que seu coração confiante pode receber. Esta época pascal pode vir a ser um bom momento para corrigirmos as nossas ênfases. Lembremo-nos de que a fraqueza está na manjedoura, a morte na cruz e o poder no trono. Nosso Cristo não está em uma manjedoura. Na verdade, a teologia do Novo Testamento em nenhum lugar apresenta o menino Jesus como um objeto de fé salvadora. O evangelho que para na manjedoura é outro evangelho e absolutamente nenhuma boa-nova. A Igreja que ainda se reúne em torno da manjedoura só pode ser fraca e de olhos embaçados, confundindo sentimentalismo com o poder do Espírito Santo.

Assim como agora não há nenhum bebê na manjedoura em Belém, também não há nenhum homem na cruz em Jerusalém. Adorar o bebê na manjedoura ou o homem na cruz é reverter os processos redentores de Deus e voltar o relógio dos Seus propósitos eternos. Deixe que a Igreja coloque sua maior ênfase na cruz e só poderá haver pessimismo, melancolia e remorso infrutífero. Se um doente morrer abraçado a um crucifixo, o que temos ali? Dois homens mortos em uma cama, nenhum dos quais pode ajudar o outro.

A glória da fé cristã é que o Cristo que morreu por nossos pecados ressuscitou para nossa justificação. Deveríamos nos lembrar alegremente de Seu nascimento e refletir com gratidão sobre Sua morte, mas a coroa de todas as nossas esperanças está com Ele à direita de Deus Pai.

Paulo gloriou-se na cruz e se recusou a pregar qualquer coisa, exceto Cristo e Ele crucificado, mas para ele a cruz representava toda a obra redentora de Cristo. Em suas epístolas, Paulo escreve sobre a encarnação e a crucificação, porém ele não para na manjedoura ou na cruz: ele constantemente conduz nossos pensamentos para a ressurreição e os eleva para a ascensão e o trono.

"Toda a autoridade me foi dada no céu e na terra" (MATEUS 28:18), disse nosso Senhor ressuscitado antes de subir ao alto, e os primeiros cristãos creram nele e saíram para compartilhar Seu triunfo. "Com grande poder, os apóstolos davam testemunho da ressurreição do Senhor Jesus, e em todos eles havia abundante graça" (ATOS 4:33).

Se a Igreja mudar sua ênfase da fraqueza da manjedoura e da morte da cruz para a vida e o poder do Cristo entronizado, talvez ela possa recuperar sua glória perdida. Vale a pena tentar.

6

O retorno

*De onde virá para julgar
os vivos e os mortos*

Você está pronto para o retorno de Jesus Cristo, ou você está entre aqueles que apenas têm curiosidade sobre isso?

Deixe-me alertá-lo que muitos pregadores e professores da Bíblia prestarão contas a Deus algum dia por encorajar especulações curiosas sobre a volta de Cristo e não enfatizar a necessidade de "amar a Sua vinda"!

A Bíblia não aprova essa curiosidade moderna que brinca com as Escrituras e que busca apenas impressionar o público crédulo e ingênuo com o "incrível" conhecimento profético possuído pelo irmão que está pregando ou ensinando!

Não consigo pensar em uma única passagem no Novo Testamento que fale da revelação, manifestação ou vinda de

Cristo que não esteja diretamente ligada à conduta moral, à fé e à santidade espiritual.

A manifestação do Senhor Jesus nesta Terra, mais uma vez, não é um evento sobre o qual possamos especular com curiosidade, e, quando fazemos apenas isso, pecamos. O professor de profecia que se envolve em especulações para instigar a curiosidade de seus ouvintes sem lhes fornecer uma aplicação moral está pecando mesmo quando prega.

Já se desenvolveram tantas fórmulas tolas sobre o retorno de Cristo por aqueles que estavam simplesmente curiosos, o suficiente para fazer com que muitos crentes não dessem mais atenção ou demonstrassem interesse pelo assunto. Mas Pedro disse esperar a "revelação de Jesus Cristo" (1 PEDRO 1:7). Paulo disse que há uma coroa de justiça guardada em glória para todos aqueles que amam Sua vinda. João falou de sua esperança de ver Jesus e escreveu assertivamente: "E todo o que tem essa esperança nele purifica a si mesmo, assim como ele é puro" (1 JOÃO 3:3).

Pedro relacionou o teste de nossa fé com a vinda do Senhor quando escreveu:

> *Nisso vocês exultam, embora, no presente, por breve tempo, se necessário, sejam contristados por várias provações, para que, uma vez confirmado o valor da fé que vocês têm, muito mais preciosa do que o ouro perecível, mesmo apurado pelo fogo, resulte em louvor, glória e honra na revelação de Jesus Cristo.* 1 PEDRO 1:6-7

Pense na *revelação* de Cristo, pois aqui está uma palavra que incorpora uma ideia, uma ideia de tamanha importância para a teologia e vida cristãs que não ousamos permitir que ela passe despercebida.

Essa palavra ocorre frequentemente na Bíblia em referência a Jesus, e tem várias formas, como vinda, manifestação, retorno. A palavra original tem cerca de sete formas diferentes no grego.

A REVELAÇÃO E A VINDA DE CRISTO

Mas, nesse uso, estamos interessados apenas na palavra *revelação* em seu uso profético. Sem dúvida, foi assim que Pedro a usou nesta passagem. Entre essas sete formas no grego, há três palavras em particular que podem ter estes significados: "manifestar; brilhar; mostrar; tornar-se visível; uma divulgação; uma vinda; uma manifestação; uma revelação".

Destaco isso porque Pedro também escreveu que os cristãos devem "[preparar] o seu entendimento, [ser] sóbrios e esperar inteiramente na graça que lhes está sendo trazida na revelação de Jesus Cristo" (1 PEDRO 1:13).

Alguns de vocês podem querer fazer uma pergunta aos tradutores, mas todos eles estão mortos! A pergunta poderia muito bem ser: "Por que a palavra original foi traduzida em um caso como a *vinda* e no outro como a *revelação* de Jesus Cristo?".

Possivelmente, ocorreu alguma mudança sutil de significado, e eles entenderam que deveria ser expressado por uma palavra e não pela outra, mas podemos tomar como verdade que as palavras são usadas alternadamente na Bíblia.[4]

---

[4]Tozer se refere a uma questão pertinente à tradução King James, em que o mesmo termo grego é traduzido como *revelation* ("revelação") e *appearing* ("aparição"). Nas versões em português, temos apenas revelação.

Não precisamos nos preocupar com essa questão, e na verdade algumas pessoas se colocam em encrencas com as Escrituras porque se esforçam demais! O Senhor nunca exigiu que nos esforçássemos tanto e avançássemos até o fim para estabelecer uma fórmula ou uma exposição doutrinária sobre as nuances de significado e formas de uma única palavra.

A Bíblia é o livro mais fácil do mundo para entender — um dos mais fáceis para a mente espiritual, mas um dos mais difíceis para a mente carnal! Não me importarei com aqueles que acham necessário prender-se às nuances de significado para provar que estão certos, particularmente quando essa posição pode ser vista como contrária a toda a crença dos cristãos desde os dias dos apóstolos.

É por isso que digo que é fácil nos esforçarmos demais quando chegamos à leitura e explicação das Escrituras. Então, quando chegarmos ao uso que Pedro faz dessa palavra revelação, fique tranquilo, pois é isso que ela significa! Se uma forma ou palavra diferente é usada em outro lugar e a mesma coisa está sendo declarada de uma maneira diferente, isso simplesmente mostra que o Espírito Santo nunca esteve em um impasse, mesmo que os intérpretes estejam. O Espírito de Deus nunca teve que recorrer a clichês, embora os pregadores muitas vezes pareçam se especializar neles!

A MANIFESTAÇÃO DE JESUS CRISTO
A vinda de Jesus Cristo pode significar a Sua manifestação. Pode significar um brilho, uma exibição, uma divulgação. Sim, pode significar Sua vinda, a revelação de Jesus Cristo!

A pergunta que realmente deve ser respondida para a maioria das pessoas é: "Onde acontecerá essa aparição, vinda ou revelação?"

Aqueles a quem Pedro escreveu a respeito da vinda de Cristo eram homens e mulheres cristãos nesta Terra. Não há como isso ser espiritualizado — a cena não pode ser transferida para o Céu.

Pedro estava escrevendo para os cristãos nesta Terra, para os santos espalhados pelo mundo por causa das provações e perseguições. Ele os estava encorajando a suportar aflições e a confiar em Deus em seus sofrimentos, para que sua fé pudesse ser considerada mais preciosa do que ouro na vinda de Jesus Cristo.

O bom senso nos dirá que essa vinda só poderia ser na Terra porque ele estava escrevendo para as pessoas nesta Terra. Ele não estava escrevendo para anjos em nenhuma esfera celestial. Ele não estava dizendo isso para Gabriel, mas para as pessoas que vivem nesta Terra.

Ora, Pedro também falou disso como um acontecimento futuro — ou seja, o futuro a partir da época em que Pedro escreveu. Tendo escrito no ano 65 d.C., Pedro colocou a vinda de Cristo em algum momento no futuro após 65 d.C.

Temos certeza, então, de que Pedro não estava se referindo à aparição de Jesus no rio Jordão quando João o batizou, pois isso já havia ocorrido 30 anos antes.

Jesus também havia se manifestado em Jerusalém, caminhando entre o povo, conversando com os fariseus e anciãos, os rabinos e as pessoas comuns, mas isso também havia ocorrido 30 anos antes. Ele compareceu de repente no templo, justamente quando o momento era apropriado, e as pessoas vinham de todos os lugares com dinheiro para comprar bois ou pombas para o sacrifício. Usando apenas uma corda, expulsou os animais e os cambistas do templo. Ele se revelou no Monte da Transfiguração e, depois de Sua ressurreição, revelou-se aos discípulos. Ele fez muitas revelações. Ele estava ali em manifestação corporal e fez coisas que puderam ser identificadas. Ele estava lá como homem entre os homens. Mas Pedro disse: "Ele ainda está por vir", pois as outras manifestações foram todas há 30 anos.

Pedro estava dizendo: "Quero que vocês se preparem para que a provação de sua fé, suas aflições, sua obediência, o ato de carregar sua cruz, possam significar honra e glória na vinda de Jesus Cristo" — a vinda no futuro!

AGUARDANDO O SEU RETORNO

Não há nenhum testemunho respeitável registrado em qualquer lugar de que Jesus Cristo tenha retornado depois dos acontecimentos em que Ele se revelou para tirar os pecados por meio do sacrifício de si mesmo.

Na verdade, não encontramos ninguém que diga que Cristo lhe apareceu pessoalmente, exceto algum pobre fanático que geralmente morre mais tarde no manicômio. Muitas novas seitas surgiram; homens têm andado pelas ruas dizendo: "Eu sou Cristo". Os psiquiatras escreveram resmas e resmas de histórias de casos de homens que insistiam que eram Jesus Cristo.

Mas nosso Senhor Jesus Cristo ainda não veio pela segunda vez, pois, se tivesse vindo, teria sido consistente com o significado da palavra como era comumente usada no Novo Testamento. Ele teria que se revelar, como fez no templo, como fez junto ao Jordão ou no Monte da Transfiguração. Teria que ser como Ele se revelou uma vez aos Seus discípulos após a ressurreição — manifestação visível e humana, tendo dimensão para que Ele pudesse ser identificado pelo olho, ouvido e tato humanos.

Se a palavra *revelação* significará o que significa universalmente, a revelação de Jesus Cristo tem que ser muito semelhante à Sua manifestação na Terra pela primeira vez, há quase 2.000 mil anos.

Quando Ele veio pela primeira vez, Ele andou entre os homens. Pegou bebês nos braços. Ele curou os doentes, os aflitos e os coxos. Ele abençoou as pessoas, comeu em sua companhia e andou entre elas; e as Escrituras nos dizem que, quando Ele vier novamente, Ele se revelará da mesma maneira. Ele será um homem novamente, embora um homem glorificado. Ele será identificável, o mesmo Jesus que era quando Ele se foi.

Devemos também falar aqui dos testemunhos dos santos cristãos ao longo dos anos — de Cristo sendo-nos manifesto na vida espiritual, na compreensão e na experiência.

Há um certo sentido em que todo aquele que tem um coração puro "olha" para Deus. Certamente haverá aqueles que dirão: "Jesus é tão real para mim que eu o vi!". Eu sei o que você quer dizer e agradeço a Deus por isso — que Deus iluminou os olhos de sua compreensão espiritual — e você o viu nesse sentido. "Bem-aventurados os limpos de coração, porque verão a Deus" (MATEUS 5:8).

Creio que é perfeitamente possível que os olhos de nossa fé, a compreensão de nosso espírito, sejam tão iluminados que possamos olhar para nosso Senhor, talvez velados, talvez não tão claramente como naquele dia vindouro, mas os olhos de nosso coração o veem!

Portanto, Cristo se revela para as pessoas nesse contexto. Ele se manifesta quando oramos e podemos sentir Sua presença. Mas não foi isso que Pedro quis dizer em relação à Sua segunda vinda. A linguagem de Pedro sobre esse acontecimento evoca um brilho, uma revelação, uma vinda repentina, uma manifestação visível! Pedro quis dizer o mesmo tipo de aparição que a mídia registra a respeito da aparição de um político em certa cidade. Ele quis dizer o mesmo tipo de revelação que os jornais noticiam que um jovem sargento apareceu de repente para a satisfação de sua família depois de ter estado longe por mais de dois anos. Não houve nenhuma revelação de Jesus assim desde que Ele se manifestou para tirar os pecados do mundo, por meio do sacrifício de si mesmo!

> Esta é a essência do ensino bíblico sobre a segunda vinda: que podemos esperar uma revelação!

Podemos resumir isso e dizer que deve haver uma revelação — em pessoa, na Terra, de acordo com Pedro — para aqueles que creram após a época de Pedro. Essa aparição ainda não ocorreu e as palavras de Pedro ainda são válidas.

Podemos, portanto, esperar que Jesus Cristo se revele novamente na Terra para os vivos da mesma forma que Ele apareceu pela primeira vez.

Meus irmãos, creio que esta é a essência do ensino bíblico sobre a segunda vinda: podemos esperar uma revelação! Na época de Pedro, o Senhor ainda não tinha voltado, mas eles estavam esperando por Ele. Pedro disse que Ele voltaria.

O retorno

JULGAMENTO PARA VIVOS E MORTOS
Na segunda carta que Paulo escreveu a Timóteo, encontramos algumas das palavras mais estimadas e graciosas de toda a Bíblia:

> *Diante de Deus e de Cristo Jesus, que há de julgar vivos e mortos, pela sua manifestação e pelo seu Reino, peço a você com insistência que pregue a palavra, insista, quer seja oportuno, quer não, corrija, repreenda, exorte com toda a paciência e doutrina. Pois virá o tempo em que não suportarão a sã doutrina; pelo contrário, se rodearão de mestres segundo as suas próprias cobiças, como que sentindo coceira nos ouvidos.* 2 TIMÓTEO 4:1-3

Aqui, o apóstolo adverte que nosso Senhor Jesus Cristo julgará os vivos e os mortos pela Sua manifestação soberana; e então ele vincula essa manifestação e esse julgamento com a sincera exortação de que Timóteo deve pregar a Palavra, preparando-se em tempo oportuno ou não.

Um pouco mais tarde, Paulo escreve mais sobre os eventos que acontecerão quando Jesus Cristo se manifestar. Ele escreveu:

> *Combati o bom combate, completei a carreira, guardei a fé. Desde agora me está guardada a coroa da justiça, que o Senhor, reto juiz, me dará naquele Dia; e não somente a mim, mas também a todos os que amam a sua vinda.*
> 2 TIMÓTEO 4:7-8

Está claramente dito, irmãos: aqueles que amam a vinda de Jesus Cristo são aqueles que também receberão uma coroa.

Há quem queira falar abertamente assim: "Isso realmente não significa que alguém que crê na posição pré-milenista receberá a coroa da justiça?".

Eu digo que não! Isso significa que aqueles que forem encontrados repletos de amor pela vinda de Jesus receberão a coroa da justiça! A meu ver, é questionável se alguns que defendem uma posição pré-milenista e podem argumentar a favor dela podem ser incluídos entre aqueles cujo espírito de humildade, consagração e fome de Deus é tranquilamente discernível em seu amor e expectativa da iminente vinda de seu Salvador.

Receio que tenhamos ficado sem saber o que fazer com esta questão do Seu retorno. Por que uma proporção tão pequena de ministros cristãos sente a necessidade de pregar um sermão sobre a verdade de Sua segunda vinda? Por que os pastores deveriam depender, nesse assunto, daqueles que viajam pelo país com seus cartazes coloridos, suas lições específicas e suas curiosas interpretações da profecia bíblica?

Não deveríamos ousar crer no que o apóstolo João escreveu, que "seremos semelhantes a ele, porque haveremos de vê-lo como ele é" (1 JOÃO 3:2)?

Amados, somos os filhos de Deus agora, pois nossa fé está no Filho de Deus, Jesus Cristo! Cremos nele e descansamos nele, e ainda assim não é o que seremos; mas sabemos que, quando Ele vier, quando Ele for revelado, seremos semelhantes a Ele, pois o veremos como Ele é.

Então, João diz direta e claramente: "E todo o que tem essa esperança nele purifica a si mesmo, assim como ele é puro" (v.3). Todos! Todo homem, diz ele! Ele a singulariza. Todo homem que tem essa esperança nele purifica a si mesmo, assim como Ele é puro.

Aqueles que estão esperando a vinda do Senhor Jesus Cristo, que buscam essa vinda momento a momento e que anseiam por ela estarão ocupados purificando-se. Eles não se entregarão a especulações curiosas — eles estarão em preparação, purificando-se!

Pode ser útil usar uma ilustração aqui.

Um casamento está prestes a acontecer e a noiva está se vestindo. Sua mãe está nervosa e há outros parentes e auxiliares que estão tentando garantir que a noiva esteja vestida corretamente.

Por que todo esse interesse e preocupação em ajudar?

Bem, a noiva e as pessoas ao seu redor sabem que ela está prestes a sair para encontrar seu noivo, e tudo deve estar perfeitamente em ordem. Ela até anda cautelosamente para que nada saia do lugar no vestido e no véu. Ela está se preparando, pois aguarda com amável expectativa o encontro com esse homem no altar.

Ora, João diz, por meio do Espírito Santo, que aquele que tem essa esperança em si mesmo purifica-se e prepara-se. Como? Assim como Ele é puro!

A noiva quer estar vestida digna do noivo, e assim é com o noivo também! A Igreja de Jesus Cristo não deveria estar vestida digna de seu Noivo, assim como Ele está vestido? Pura, como Ele é puro?

Temos a certeza de que a revelação de Jesus Cristo acontecerá e será no tempo dele. Há muitos que acreditam que pode acontecer em breve, que não há nada que ainda deva ser feito nesta Terra para tornar possível a Sua vinda.

Será o maior evento da história do mundo, à exceção de Sua primeira vinda e os eventos de Sua morte e ressurreição.

Podemos muito bem dizer que o próximo maior acontecimento da história do mundo será a revelação de Jesus Cristo: "Mesmo não o vendo agora, mas crendo nele, exultam com uma alegria indescritível e cheia de glória" (1 PEDRO 1:8).

O mundo não o saberá, mas aquele que tem essa esperança nele sim, pois se purificou assim como Cristo é puro!

7

A comunhão da Igreja

Creio no Espírito Santo,
na santa Igreja cristã,
a comunhão dos santos

Seria difícil, se não totalmente impossível, para nós, hoje, saber exatamente o que estava na mente dos Pais da Igreja que introduziram estas palavras no credo, mas no livro de Atos temos uma descrição da primeira comunhão cristã: "Então os que aceitaram a palavra de Pedro foram batizados, havendo um acréscimo naquele dia de quase três mil pessoas. E perseveravam na doutrina dos apóstolos e na comunhão, no partir do pão e nas orações" (ATOS 2:41-42).

Eis a fraternidade apostólica original, o padrão segundo o qual toda verdadeira comunhão cristã deve ser modelada.

A palavra "fraternidade", apesar de seus usos errôneos, ainda é uma palavra bonita e significativa. Quando bem entendida, significa o mesmo que a palavra "comunhão", ou seja, o ato e a condição de partilhar juntos alguma bênção comum por um número de pessoas. A comunhão dos santos significa, portanto, uma partilha íntima e amorosa de certas bênçãos espirituais por pessoas que estão em pé de igualdade diante da bênção de que compartilham. Essa comunhão deve incluir todos os membros da Igreja de Deus desde o Pentecostes até este momento atual, continuando até o fim dos tempos.

Bem, antes de haver *comunhão*, é preciso que haja *união*. Os que compartilham estão, em certo sentido, completamente acima de organização, nacionalidade, raça ou denominação. Essa unidade é algo divino, alcançada pelo Espírito Santo no ato de regeneração. Quem é nascido de Deus é um com todos os outros que são nascidos de Deus. Assim como o ouro é sempre ouro, onde e sob qualquer forma que se encontre, e cada fragmento de ouro desprendido pertence à verdadeira família e é composto dos mesmos elementos, assim toda alma regenerada pertence à comunidade cristã universal e à comunhão dos santos.

Toda alma redimida nasce da mesma vida espiritual que qualquer outra alma redimida e participa da natureza divina exatamente da mesma maneira. Assim, cada um torna-se membro da comunidade cristã e participante de tudo do que essa comunidade desfruta. Essa é a verdadeira comunhão dos santos. Mas saber disso não basta. Se quisermos entrar no poder dela, devemos nos exercitar nessa verdade; devemos *praticar* o pensamento e a oração com a perspectiva de que somos membros do corpo de Cristo e irmãos de todos os santos resgatados, vivos e mortos, que creram em Cristo e o reconheceram como Senhor.

Dissemos que a comunhão dos santos é um compartilhamento, um modo fraternal de partilhar certas coisas divinamente dadas por pessoas divinamente chamadas. Bem, o que são essas coisas?

COMUNHÃO DE VIDA
A primeira e mais importante é a *vida* — "a vida de Deus na alma do homem", tomando emprestada uma frase de Henry Scougal. Esta vida é a base de tudo o mais que é dado e compartilhado. E essa vida nada mais é do que o próprio Deus. Deve ser evidente que não pode haver verdadeira partilha cristã se não houver primeiro um compartilhamento de vida. Uma organização e um nome não fazem uma Igreja. Cem religiosos integrados em uma unidade por estrutura cuidadosa não constituem uma Igreja, assim como 11 homens mortos não formam um time de futebol. O primeiro requisito é a vida, sempre.

COMUNHÃO DA VERDADE
A comunhão apostólica é também o compartilhamento da *verdade*. A inclusividade da comunhão deve ser sempre mantida junto com a exclusividade dela. A verdade traz para seu círculo gracioso todos os que admitem e aceitam a Bíblia como a fonte de toda a verdade e o Filho de Deus como o Salvador dos homens. Mas não se ousa fazer um compromisso fraco com os fatos nem a falar sentimentalmente as velhas frases: "Estamos todos a caminho do mesmo lugar. Cada um procura à sua maneira agradar ao Pai e fazer do Céu o seu lar". A verdade liberta os homens, e a verdade ligará e soltará, abrirá e fechará, incluirá e excluirá à sua plena vontade, sem

distinguir as pessoas. Rejeitar ou negar a verdade da Palavra é excluir a nós mesmos da comunhão apostólica.

Ora, alguém pode perguntar: "Qual é a verdade da qual você fala? Meu destino deve depender da verdade batista, da presbiteriana ou da anglicana, ou todas elas ou nenhuma delas? Para conhecer a comunhão dos santos, devo crer no calvinismo ou no arminianismo? Na forma congregacional ou episcopal de governo da Igreja? Devo interpretar a profecia de acordo com os pré-milenistas ou os pós-milenistas? Devo acreditar na imersão, aspersão ou derramamento?". A resposta para tudo isso é fácil. A confusão é apenas aparente, não real.

Os primeiros cristãos, sob o fogo da perseguição, conduzidos de um lugar para outro, às vezes privados da oportunidade de uma instrução cuidadosa na fé, queriam uma "regra" que resumisse tudo no que eles deviam acreditar para garantir seu bem-estar eterno. Dessa necessidade crítica, surgiram os credos. Dos muitos, o Credo Apostólico é o mais conhecido, o mais amado, e tem sido reverentemente repetido pelo maior número de fiéis ao longo dos séculos. E para milhões de homens de bem, esse credo contém o essencial da verdade. Certamente não todas as verdades, mas o cerne de toda a verdade. Em dias difíceis, servia como uma espécie de senha secreta que unia instantaneamente os homens uns aos outros quando passados de lábio em lábio pelos seguidores do Cordeiro. É justo dizer, então, que a verdade compartilhada pelos santos na comunhão apostólica é a mesma verdade que é delineada adequadamente no Credo Apostólico.

Hoje, quando a verdade do cristianismo está sob sérios ataques, vindos de tantas direções, o mais importante é que saibamos no que acreditamos e que o guardemos com cuidado. Mas, em nosso esforço para interpretar e expor as Escrituras Sagradas de acordo com a antiga fé de todos os cristãos, devemos lembrar que uma alma que busca pode encontrar a salvação por meio do sangue de Cristo, mesmo que ainda conheça pouco dos ensinamentos mais completos da teologia cristã. Devemos, portanto, admitir em nossa comunhão todas as ovelhas que ouviram a voz do Pastor e tentaram segui-lo. O novo convertido que ainda não teve tempo de aprender muita verdade cristã e o fiel desfavorecido que teve a infelicidade de ser educado em uma igreja onde a Palavra foi negligenciada no púlpito estão muito semelhantemente na mesma situação. A fé que eles têm capta apenas uma pequena porção da verdade, e sua "partilha" é necessariamente limitada à pequena porção que eles compreendem. O importante, no entanto, é que o pouco de que eles desfrutam é *verdade real*. Pode não ser mais do que "Cristo Jesus veio ao mundo para salvar os pecadores" (1 TIMÓTEO 1:15); mas, se eles caminham à luz dessa verdade, nada mais é necessário para trazê-los para o círculo dos bem-aventurados e constituí-los verdadeiros membros da comunhão apostólica.

COMUNHÃO DA PRESENÇA

A verdadeira comunhão cristã consiste na partilha de uma *presença*. Isso não é mera poesia, mas um fato ensinado em letras garrafais no Novo Testamento. Deus nos deu a si mesmo na pessoa de Seu Filho. "Porque, onde estiverem dois ou três reunidos em meu nome, ali estou no meio deles" (MATEUS 18:20). A imanência de Deus em Seu universo torna possível desfrutar da "presença real" pelos santos de Deus no Céu e na Terra simultaneamente. Onde quer que estejam, Ele está presente para eles na plenitude de Sua Divindade.

Não creio que a Bíblia ensine a possibilidade de comunicação entre os santos da Terra e os do Céu. Mas, embora não possa haver comunicação, certamente pode haver comunhão. A morte não arranca o cristão de seu lugar no corpo de Cristo. Como, em nossos corpos humanos, cada membro é alimentado pelo mesmo sangue que ao mesmo tempo dá vida e unidade a todo o organismo, assim também, no corpo de Cristo, o Espírito vivificador que flui através de cada parte dá vida e unidade ao todo. Nossos irmãos cristãos que já se foram ainda mantêm seus lugares na comunhão universal. A Igreja é una, estejam seus membros acordados ou dormindo, por uma união de vida para sempre.

> Nossos irmãos cristãos que já se foram ainda mantêm seus lugares na comunhão universal.

PERTENCIMENTO MÚTUO

O mais importante sobre a doutrina da comunhão dos santos são os seus efeitos práticos na vida dos cristãos. Sabemos muito pouco sobre os santos lá em cima, mas, sobre os santos na Terra, sabemos, ou podemos saber, muito. Nós, protestantes, não acreditamos (já que a Bíblia não ensina) que os santos que foram para o Céu antes de nós são de alguma forma afetados pelas orações ou obras dos santos que permanecem na Terra. Nosso cuidado particular não é com aqueles que Deus já honrou com a visão beatífica, mas com os peregrinos esforçados e batalhadores que ainda estão viajando em direção à Cidade de Deus. Todos pertencemos uns aos outros; o bem-estar espiritual de cada um é, ou deveria ser, a preocupação amorosa de todos os demais.

Devemos orar por um crescimento da alma para receber em nosso coração todo o povo de Deus, independentemente de sua raça, cor ou afiliação à Igreja. Então devemos praticar pensar em nós mesmos como membros da abençoada família de Deus e devemos nos esforçar em oração para amar e valorizar todos os que nascem do Pai. Sugiro também que procuremos nos familiarizar, na medida do possível, com as almas boas e santas que viveram antes de nossos tempos e agora pertencem ao grupo dos redimidos no Céu. Como é triste limitar nossa compreensão àqueles de nossos dias, quando Deus, em Sua providência, nos possibilitou desfrutar dos ricos tesouros das mentes e corações de tantos santos abençoados de outros tempos. Limitar nossa leitura às obras de alguns autores favoritos de hoje ou da semana passada é restringir nossos horizontes e pressionar nossas almas perigosamente.

> Limitar nossa leitura às obras de alguns autores favoritos de hoje ou da semana passada é restringir nossos horizontes e pressionar nossas almas perigosamente.

Não tenho dúvida de que a leitura, acompanhada de oração, de alguns dos grandes clássicos espirituais centenários destruiria em nós, para sempre, aquela constrição de alma que parece ser a marca do evangelicalismo moderno.

Para muitos de nós, os poços do passado esperam para serem reabertos. Agostinho, por exemplo, traria para nós um sentido da majestade avassaladora de Deus que muito contribuiria para curar a irreverência de espírito encontrada tão amplamente entre os cristãos modernos. Bernardo de Cluny cantaria para nós "Jerusalém, a Dourada" e a paz de um dia de sábado eterno até que os prazeres miseráveis deste mundo se tornassem intoleráveis; Richard Rolle nos mostraria como escapar da "abundância de riquezas, da lisonja das mulheres e da beleza da juventude", para que possamos continuar a conhecer a Deus com uma intimidade que se tornará em nosso coração "calor, fragrância e canção"; Tersteegen sussurraria para nós o "amor oculto de Deus" e da temível presença até que nossos corações se tornassem "quietos diante dele" e que "prostrados interiormente o adorassem"; diante de nossos olhos, o doce Francisco de Assis lançaria seus braços de amor ao redor do Sol e da Lua, das árvores e da chuva, do pássaro e das feras, e agradeceria a Deus por todos eles em puro arrebatamento de devoção espiritual.

Mas quem é capaz de completar o rol dos santos? A eles devemos uma gratidão grande demais para compreender: profetas e apóstolos, mártires e reformadores, eruditos e tradutores, hinistas e compositores, mestres e evangelistas, para não mencionar dez mil vezes as dezenas de milhares almas simples e anônimas que mantiveram viva a chama da religião pura mesmo naqueles tempos em que a fé de nossos pais estava acesa, porém, fraca, em todo o mundo.

A comunhão da Igreja

Eles pertencem a nós, todos eles, e nós pertencemos a eles. Eles, nós e todos os homens e mulheres redimidos de qualquer idade ou região estão incluídos na comunhão universal de Cristo e, juntos, compõem "um sacerdócio real, uma nação santa, um povo de propriedade exclusiva de Deus" (1 PEDRO 2:9), que desfrutam de uma comunhão comum, mas abençoada, dos santos.

8

Perdão

Na remissão dos pecados

Tito identifica Jesus Cristo como o Salvador que "deu a si mesmo por nós, a fim de nos remir de toda iniquidade e purificar, para si mesmo, um povo exclusivamente seu, dedicado à prática de boas obras" (TITO 2:14).

Podemos saber rapidamente o valor de qualquer objeto pelo preço que as pessoas estão dispostas a pagar por ele. Você deve se lembrar da história do galo ciscando no celeiro em busca de grãos de milho. De repente, ele ciscou uma bela pérola de preço fabuloso que havia sido perdida anos antes, mas ele apenas a deixou de lado e continuou procurando milho. A pérola não tinha valor para o galo, embora tivesse um grande valor para quem tinha fixado um preço sobre ela.

Nos vários mercados do mundo, algo que não tem valor para uma pessoa desinteressada pode ser considerado de grande valor pela pessoa que o deseja e o compra. É nesse sentido, então, que aprendemos o quanto somos caros e preciosos para Cristo pelo preço que Ele estava disposto a pagar por nós.

Creio que muitos cristãos são tentados a se diminuir demasiadamente. Não estou argumentando contra a verdadeira humildade e minha palavra para você é esta: considere-se tão pouco quanto quiser, mas lembre-se sempre de que nosso Senhor Jesus Cristo considerou você valioso — o suficiente para se entregar por você na morte e no sacrifício.

Se o diabo vier até você e sussurrar que você não é bom, não discuta com ele. Na verdade, você pode muito bem admitir isso, mas depois lembre ao diabo: "Independentemente do que você disser sobre mim, devo dizer-lhe como o Senhor se sente a meu respeito. Ele me diz que sou tão valioso para Ele que Ele se entregou por mim na cruz!".

Assim, o valor é definido pelo preço pago, e, no nosso caso, o preço pago foi o nosso próprio Senhor! O fim que o Salvador tinha em vista era que Ele nos redimiria de toda iniquidade, isto é, do poder e das consequências da iniquidade.

PERDÃO E CURA EM DOBRO

Muitas vezes cantamos as palavras do hino *Rock of Ages* (Rocha eterna, CC 371), de Augustus M. Toplady, nas quais a morte de nosso Senhor Jesus é descrita como "a cura em dobro" para o pecado. Creio que muita gente canta o hino sem perceber o que Toplady quis dizer com a cura em dobro.

Sede do pecado a cura em dobro
Salva-me da ira e faz-me puro. (Tradução livre)[6]

A ira de Deus contra o pecado e, em seguida, o poder do pecado na vida humana — ambos devem ser curados. Portanto, quando Ele se entregou por nós, Ele nos redimiu com cura em dobro, livrando-nos das consequências do pecado e livrando-nos do poder que o pecado exerce na vida humana.

Ora, Tito, nesta grande pérola de verdade espiritual, lembra-nos de que o Cristo redentor realiza uma obra purificadora no povo de Deus. Você terá que concordar comigo que uma das doenças profundas e epidêmicas deste mundo e da sociedade atuais é a impureza, e ela se manifesta em dezenas de sintomas. Somos propensos a olhar para certas ações físicas lascivas e indecentes como as impurezas que assolam a vida humana e a sociedade, mas a cobiça e a trama reais, o planejamento e a maquinação vêm de uma fonte muito mais profunda de impureza dentro das próprias mentes e do mais profundo interior de homens e mulheres pecadores. Se fôssemos pessoas de mãos limpas e corações puros, estaríamos empenhados em fazer as coisas que agradam a Deus. A impureza não é apenas uma ação errada; impureza é o estado de espírito, coração e alma que é exatamente o oposto de pureza e integridade.

> Ele nos redimiria de toda iniquidade, ou seja, do poder e consequências da iniquidade.

A má conduta sexual é um sintoma da doença da impureza, mas o ódio também é. O orgulho e o egoísmo, o

---

[6]Apesar de existir uma tradução em português do hino *Rock of Ages* (Rocha eterna, CC 371), optamos por fazer a tradução livre dos versos para manter o destaque dado no original pelo autor.

ressentimento e a grosseria vêm à tona de mentes e corações pecaminosos e impuros, assim como a gula, a preguiça e a autoindulgência. Todos esses e inúmeros outros vêm à tona como sintomas exteriores da doença profunda e interior do egoísmo e do pecado.

Sendo isso um fato na vida e na experiência, é a obra espiritual de Jesus Cristo purificar Seu povo pelo Seu próprio sangue para livrá-lo dessa doença profunda. É por isso que Ele é chamado de o Grande Médico — Ele é capaz de nos curar dessa praga de impureza e iniquidade, redimindo-nos das consequências de nossos pecados e purificando-nos da presença de nossos pecados.

Ora, irmãos, ou isso é verdadeiro e concebível na vida e na experiência humanas, ou o cristianismo é a fraude barata do momento. Ou é verdade e uma opção espiritual confiável, ou devemos fechar a Bíblia e guardá-la com outras peças clássicas da literatura que não têm nenhuma validade especial diante da morte.

Graças a Deus que há milhões que se atrevem a levantar-se como num grande coro e gritar comigo: "É verdade! Ele realmente se entregou para nos redimir de toda iniquidade e Ele realiza essa obra purificadora em nossa vida dia após dia!".

PERDÃO SEM REMORSO
O coração humano é herético por natureza. As crenças religiosas populares devem ser cuidadosamente verificadas na Palavra de Deus, pois é quase certo que estejam erradas.

O legalismo, por exemplo, é natural do coração humano. A graça, em seu verdadeiro sentido neotestamentário, é estranha à razão humana, não porque seja contrária à razão, mas porque está além dela. A doutrina da graça tinha que ser revelada; não poderia ter sido descoberta.

A essência do legalismo é a auto-expiação. O que busca tenta se tornar aceitável para Deus por algum ato de restituição, ou por autopunição, ou pelo sentimento de remorso. O desejo de agradar a Deus é louvável, certamente, mas o esforço para agradar a Deus por esforço próprio não, pois pressupõe que o pecado, uma vez praticado, pode ser desfeito, uma suposição totalmente falsa.

> Quando a inocência moral foi restaurada pelo amor perdoador de Deus, a culpa pode ser lembrada, mas o peso desapareceu da memória.

Muito depois de termos aprendido com as Escrituras que não podemos, pelo jejum, ou pelo uso do cabelo curto, ou pela realização de muitas orações, expiar os pecados da alma, ainda tendemos, por uma espécie de heresia natural perniciosa, sentir que podemos agradar a Deus e purificar nossas almas pela penitência do remorso contínuo.

Essa última é a penitência não reconhecida do protestante. Embora ele afirme crer na doutrina da justificação pela fé, ainda sente secretamente que o que ele chama de "tristeza segundo Deus" o tornará aceito por Deus. Embora saiba que não deve, o cristão protestante é apanhado na teia de um sentimento religioso errado e é enganado.

Há, de fato, uma tristeza segundo Deus que produz o arrependimento (2 CORÍNTIOS 7:10), e deve-se reconhecer que, entre nós, cristãos, esse sentimento muitas vezes não está presente em força suficiente para produzir o arrependimento real, mas a persistência dessa tristeza, até que se torne remorso crônico, não é correta nem boa. O remorso é uma espécie de arrependimento frustrado que não foi completamente consumado. Uma vez que a alma se afastou de todo pecado e se comprometeu inteiramente com Deus, não há mais lugar legítimo para o remorso. Quando a inocência moral é restaurada pelo amor perdoador de Deus, a culpa pode ser lembrada, mas o peso desaparece da memória.

O esforço para ser perdoado pelas obras é algo que nunca pode ser concluído, porque ninguém sabe ou pode saber quanto é suficiente para anular a ofensa. Então o que busca deve continuar ano após ano pagando sua dívida moral, um pouco aqui, um pouco ali, sabendo que às vezes ele acrescenta à sua conta muito mais do que paga. A tarefa de manter a contabilização sobre tal transação pode nunca terminar, e a pessoa só pode esperar que, quando seu último "pagamento" for feito, ela possa ter alcançado as condições e ter a conta totalmente paga. Essa é a crença popular, esse perdão por esforço próprio, mas é uma heresia natural e só pode trair quem depende dela.

Pode-se argumentar que a ausência de remorso indica uma visão limitada e inadequada do pecado, mas a verdade é o exato oposto. O pecado é tão assustador, tão destrutivo para a alma, que nenhum pensamento ou ato humano pode, em qualquer grau, diminuir seus efeitos letais. Somente Deus pode lidar com ele satisfatoriamente. Somente o sangue de Cristo pode limpá-lo do espírito. O coração que foi libertado desse temido inimigo não sente pesar, mas um alívio maravilhoso e uma gratidão incessante.

O filho pródigo que retornou honra mais seu pai ao se regozijar do ao se arrepender. Se o jovem da história tivesse menos fé em seu pai, ele poderia ter chorado em um canto em vez de participar das festividades. Sua confiança na bondade amorosa de seu pai deu-lhe a coragem de esquecer seu passado questionável.

O remorso aflige a alma, assim como a tensão aflige os nervos e a ansiedade, a mente. Creio que a infelicidade crônica da maioria dos cristãos pode ser atribuída a uma inquietação corrosiva, temendo que Deus não os tenha perdoado totalmente, ou ao medo de que Ele espere, como preço de Seu perdão, algum tipo de penitência emocional que eles não supriram. À medida que nossa confiança na bondade de Deus aumentar, nossas ansiedades diminuirão e nossa felicidade moral aumentará, de modo inversamente proporcional.

O remorso pode não ser mais do que uma forma de amor de si próprio. Um homem pode ter uma consideração tão alta por si mesmo que qualquer falha em viver de acordo com sua própria autoimagem o decepciona profundamente. Ele sente que traiu a si mesmo por seu erro, e mesmo que Deus esteja disposto a perdoá-lo, ele não se perdoará. O pecado traz a tal homem uma dolorosa humilhação que não é logo esquecida. Ele fica permanentemente zangado consigo mesmo e tenta se punir buscando a Deus frequentemente com autoacusações impertinentes. Esse estado de espírito cristaliza-se finalmente em um sentimento de remorso crônico que parece ser uma prova de profunda penitência, mas na verdade é prova de um profundo amor a si próprio.

O remorso por um passado pecaminoso permanecerá até que acreditemos verdadeiramente que para nós, em Cristo, esse passado pecaminoso não existe mais. O homem em Cristo tem apenas o passado de Cristo, e isso é perfeito e aceitável para Deus. Em Cristo, ele morreu; em Cristo, ressuscitou, e em Cristo, está assentado no círculo dos favorecidos de Deus. Ele não está mais zangado consigo mesmo porque não é mais autossuficiente, mas é suficiente em Cristo. Portanto, não há lugar para remorso.

O PERDÃO E NOSSA ESPERANÇA FUTURA
Os cristãos devem conhecer e entender o raciocínio e a filosofia de Deus por trás de Sua provisão eterna para Seus filhos. Não estou feliz com a atitude de alguns cristãos que são pouco mais do que meros papagaios quando se trata das verdades de Deus.

Algumas pessoas pensam que é espiritual apenas aceitar todos os dogmas sem qualquer ponderação ou compreensão: "Sim, eu creio nisso. A Bíblia diz isso e eu creio nisso".

Devemos ser cristãos maduros e em crescimento, capazes de dar uma resposta com compreensão a respeito de nossa fé. Devemos ser mais do que papagaios.

Na loja de animais de estimação, o papagaio pode ser ensinado a citar João 3:16 ou partes do Credo Apostólico se você lhe der petiscos como recompensa. Se tudo o que queremos é que alguém alimente a verdade em nós sem sabermos ou entendermos por que ela é como ela é, então somos simplesmente papagaios cristãos dizendo "Eu creio! Eu creio!".

Penso que nós, cristãos, deveríamos gastar muito mais tempo ponderando sobre o significado e as implicações de nossa fé, e se pedirmos ao Deus Todo-poderoso para nos ajudar, saberemos por que Ele lida conosco como o faz e por que o futuro guarda uma promessa radiante para os filhos de Deus.

Deus enviou Seu Filho para nos redimir e nos tornar sãos novamente. Algumas pessoas parecem pensar que Jesus veio apenas para nos recuperar ou restaurar, para que pudéssemos recuperar a imagem original de Adão. Deixe-me lembrá-lo de que Jesus Cristo fez infinitamente mais em Sua morte e ressurreição do que apenas desfazer o dano da queda. Ele veio para nos elevar à imagem de Jesus Cristo, não apenas à imagem de Adão. O primeiro homem, Adão, foi um ser vivente; o segundo Adão foi um espírito vivificante. O primeiro Adão, feito do pó da terra, foi terreno, mas o segundo homem é o Senhor do Céu!

> Somos redimidos pelo sangue do Cordeiro, nosso passado deixado para trás, nosso pecado sob o sangue para sempre, para não ser lembrado nunca mais.

A redenção em Cristo, portanto, não é pagar centavo por centavo, ou endireitar o homem e restaurá-lo à graça adâmica. O propósito e a obra da redenção em Cristo Jesus são elevar o homem tanto acima do nível de Adão quanto o próprio Cristo está acima do nível de Adão. Devemos olhar para Cristo, não para Adão, e, ao fazer isso, somos transformados pelo Espírito de Deus à imagem de Cristo.

Assim, podemos dizer que a terra pode ter sido boa o suficiente para aquela criatura que foi criada a partir do pó e do barro, mas não é boa o suficiente para a alma viva que é redimida pelo sangue real! A Terra era adequada para ser a morada eterna daquela criatura que foi feita pela mão de Deus, mas não é adequada nem suficiente para ser a morada eterna desse ser redimido que é gerado pelo Espírito Santo. Todo cristão nascido de novo foi elevado do nível da raça adâmica caída para o plano celestial do Cristo inabalável e vitorioso. É ao Céu que ele pertence!

Mas, enquanto isso, o pecado separa corpo e alma. É por isso que o Senhor Jesus Cristo, quando estava prestes a deixar a Terra após Sua ressurreição, disse a Seus discípulos: "Na casa de meu Pai há muitas moradas [...] Pois vou preparar um lugar para vocês. E, quando eu for e preparar um lugar, voltarei e os receberei para mim mesmo, para que, onde eu estou, vocês estejam também" (JOÃO 14:2-3).

É algo incrível que Jesus Cristo tenha afirmado que Ele nunca deixou a presença do Pai. Ele disse que o Filho do Homem, que está junto ao Pai, o revelou. Enquanto Jesus estava na Terra, caminhando como um homem entre os homens, pelo mistério do Deus sempre presente e pela essência indivisível da Divindade, Ele pôde permanecer junto ao Pai, e, assim, Ele permaneceu.

Então, você e eu estamos na espera para sermos elevados e ascendermos. Não esqueçamos que foi o Senhor Deus Todo-poderoso que fez o homem e lhe soprou o fôlego de vida para que se tornasse uma alma vivente. Esse era o homem — e então, na redenção, Deus o elevou infinitamente acima desse nível, de modo que agora ouvimos o Senhor e Salvador prometendo: "Eu fui preparar um lugar para vocês". No tempo de nossa partida, o corpo que Ele nos deu se desintegrará e cairá como um casulo, pois o espírito do homem sobe para a presença de Deus. O corpo deve esperar aquele grande dia da ressurreição na última trombeta, pois Paulo diz: "...os mortos ressuscitarão incorruptíveis, e nós seremos transformados" (1 CORÍNTIOS 15:52).

Perdão

Com as promessas de Deus tão distintas e belas, é inadmissível que um cristão pense na morte de maneira tão temerosa. O fato de nós, cristãos, demonstrarmos uma neurose sobre morrer indica que não estamos onde deveríamos estar espiritualmente. Se realmente tivéssemos chegado a um lugar de tal compromisso espiritual que as maravilhas do Céu estivessem tão próximas que ansiássemos pela presença radiante de nosso Senhor, não teríamos um comportamento tão temeroso e frenético toda vez que encontrássemos algo errado com nosso corpo físico.

Não penso que um cristão genuíno e comprometido deva ter medo de morrer. Não precisamos ter medo, porque Jesus prometeu que prepararia um lugar apropriado para todos aqueles que nascerão de novo, ressuscitarão da agonia e do estresse deste mundo por meio do sangue da aliança eterna para aquele mundo brilhante e gracioso acima.

Observe que Jesus disse: "Na casa de meu Pai há muitas moradas". Se é a casa de Seu Pai, é também a casa de nosso Pai, porque o Senhor Jesus é nosso irmão mais velho. Jesus também disse: "Subo para o meu Pai e o Pai de vocês, para o meu Deus e o Deus de vocês" (JOÃO 20:17). Se a casa do Pai é a casa de Jesus, é também a casa de todos os Seus outros filhos e filhas.

Sim, nós, cristãos, estamos em condições muito melhores do que realmente sabemos, e há muitas coisas aqui embaixo que podemos viver sem e não ficarmos muito abalados com isso se estivermos honestamente comprometidos com as promessas relativas à casa do Pai e suas muitas moradas. Um dos comentários tristes sobre nossos tempos é que os cristãos podem realmente ser tolos o suficiente para fixar seus interesses tão centrados nas coisas desta Terra que eles se esquecem de quão rápido seu tempo neste corpo e nesta Terra passará.

Tenho certeza de que nosso Senhor está procurando cristãos cuja mente está voltada para o alto. Sua Palavra nos encoraja a confiar nele com tal unicidade de propósito que Ele é capaz de nos livrar do medo da morte e das incertezas do amanhã. Creio que Ele está lá em cima preparando uma morada para mim:

> *Ele está preparando minha morada,*
> *Que eternamente permanecerá,*
> *Pois a minha estada não será transitória*
> *Naquela terra santa e feliz.*[6]

Leia novamente o que João disse sobre sua visão do futuro que está por vir.

> *E vi novo céu e nova terra, pois o primeiro céu e a primeira terra passaram, e o mar já não existe. Vi também a cidade santa, a nova Jerusalém, que descia do céu, da parte de Deus, preparada como uma noiva enfeitada para o seu noivo.* APOCALIPSE 21:1-2

Irmãos, digo que é lamentável que tenhamos relegado essa passagem para ser lida principalmente em funerais. O

---

[6] Tradução livre de estrofe do hino *Rest of the weary* (Repouso do cansado), de John S. B. Monsell (1811–75).

homem que estava relatando isso não estava a caminho de um funeral; ele estava a caminho da Nova Jerusalém!

Ele continuou: "Então ouvi uma voz forte que vinha do trono e dizia: — Eis o tabernáculo de Deus com os seres humanos. Deus habitará com eles. Eles serão povos de Deus, e Deus mesmo estará com eles e será o Deus deles. E lhes enxugará dos olhos toda lágrima. E já não existirá mais morte, já não haverá luto, nem pranto, nem dor, porque as primeiras coisas passaram" (vv.3-4).

João então descreve aquela grande e bela cidade tendo a glória de Deus, com sua luz como uma pedra que era preciosa, como jaspe, clara como cristal. "Não vi nenhum santuário na cidade, porque o seu santuário é o Senhor, o Deus Todo-Poderoso, e o Cordeiro. A cidade não precisa do sol nem da lua para lhe dar claridade, pois a glória de Deus a ilumina, e o Cordeiro é a sua lâmpada" (vv.22-23).

Ah, o povo de Deus deveria ser o povo mais feliz de todo o mundo! As pessoas deveriam vir até nós constantemente e perguntar qual é a fonte de nossa alegria e deleite — redimidos pelo sangue do Cordeiro, nosso passado abandonado, nosso pecado debaixo do sangue para sempre e eternamente, para não ser lembrado nunca mais. Deus é nosso Pai, Cristo é nosso Irmão, e o Espírito Santo, nosso Advogado e Consolador. Nosso Irmão foi à casa do Pai para preparar um lugar para nós, deixando conosco a promessa de que Ele voltará novamente!

Não envie Moisés, Senhor, não envie Moisés! Ele quebrou as tábuas de pedra.

Não envie Elias por mim, Senhor! Tenho medo de Elias — ele pediu fogo do céu.

Não envie Paulo, Senhor! Ele é tão instruído que me sinto um menininho quando leio suas epístolas.

Ó, Senhor Jesus, vem Tu mesmo! Não tenho medo de ti. Tu levaste as criancinhas como cordeiros para o Teu aprisco. Tu perdoaste a mulher apanhada em adultério. Tu curaste a mulher tímida que estendeu a mão na multidão para tocar em ti. Não temos medo de ti!

Conquanto, vem, Senhor Jesus! Vem logo!

9

Eternidade

*Na ressurreição do corpo e
na vida eterna. Amém.*

A o considerar a ressurreição de Cristo e a promessa da ressurreição futura dos redimidos, às vezes podemos ser perturbados por um sentimento de irrealidade sobre tudo isso. Simplesmente não conseguimos imaginá-la. Pensar sobre ela é algo tão completamente diferente de tudo o que ocorreu em nossa experiência que a nossa mente não pode encontrar um lugar definido para compreender; então ela flutua sobre a ideia como um pássaro sobre terrenos desconhecidos.

Sem dúvida, isso de fato incomoda muitos do povo de Deus. Eles temem que a incerteza mental que sentem seja uma prova de incredulidade e se perguntam se realmente creem na ressurreição do corpo, conforme ensinado no Novo

Testamento e repetido no Credo Apostólico. Creio que esses receios são infundados. Eis o porquê:

Esses "santos medrosos" estão confundindo duas coisas que são totalmente diferentes uma da outra, ou seja, estão confundindo fé e imaginação. A fé é a confiança no caráter de um ser moral, que toma a palavra desse ser como completamente confiável e descansa nela sem questionamento. A imaginação é o poder de visualizar, de criar na mente uma imagem de coisas invisíveis. Podemos ter uma sem ter a outra. As duas não são idênticas e estão, verdadeiramente, apenas distantes uma da outra.

Um soldado esteve no exterior por dois ou três anos e agora está a caminho de casa. À medida que ele se aproxima de sua terra natal, a expectativa aumenta em seu coração. Ele visualiza o encontro alegre que logo acontecerá. Ele imagina sua mãe, sua irmã, sua esposa e sorri ao pensar no quanto seu filhinho pode ter crescido desde que o viu pela última vez. Toda a cena está diante dele enquanto ele sonha com o tão esperado reencontro. A inteligência dita uma pequena diferença na aparência de seus entes queridos. Ele sabe que eles terão mudado e tenta ajustar sua imagem mental de acordo. Assim, ele visualiza um evento que ainda não ocorreu baseando-se em experiências passadas.

É justamente aqui que o pensamento se desfaz quando se trata da ressurreição. Não temos experiência para nos guiar. Quando Cristo ressuscitou dos mortos, Ele fez o que ninguém jamais havia feito antes. Não podemos imaginar como Ele realizou o milagre nem sabemos exatamente o que aconteceu de maravilhoso ali no silêncio do sepulcro novo de José. Ele ter saído, vivo para sempre, tem sido a fé firmemente estabelecida da Igreja desde o início. Como Ele realizou isso é um segredo guardado na mente de Deus. Devemos lembrar a sábia advertência de John Wesley: "Não duvidemos de um fato porque não sabemos como ele foi realizado". A ressurreição de Cristo é um fato. Não precisamos saber mais do que isso.

Nossa própria ressurreição futura é ainda mais difícil de visualizar. Pintar um retrato mental da nossa morte não é tão difícil, porque tem sido nossa experiência que todos passam por isso.

> *Sabes como é fatal — tudo o que vive*
> *Há de morrer, passando à eternidade.*[7]

A mente pode visualizar nossa partida desta Terra porque tem algo para guiá-la na formação de seu retrato mental, mas a ressurreição não lhe dá nada conhecido com o qual trabalhar. E é aqui que entram a ansiedade e a autocensura. Como não conseguimos visualizá-la, temos medo de não crer nela.

A esperança da ressurreição é uma questão de pura fé. Ela repousa sobre o caráter de Deus e extrai seu consolo do conhecimento de que Deus não pode mentir, nem enganar, nem mudar. Ele prometeu que todos os que dormem em Jesus serão trazidos novamente de seus túmulos para encontrar o Senhor nos ares e estar com Ele para sempre. O Novo Testamento está cheio dessa alegre expectativa. Como Deus fará tudo isso acontecer não é para sabermos. Não somos chamados a entender, mas a crer.

---

[7] Versos da peça *Hamlet*, de William Shakespeare (1564–1616). In: *Hamlet, rei Lear, Macbeth* (Clássicos Abril, 2010). Tradução de Bárbara Heliodora.

Embora um conhecimento detalhado dos misteriosos caminhos de Deus na realização da ressurreição fosse possível para nós, eu me pergunto se estaríamos em situação melhor se o tivéssemos. Honramos mais a Deus crendo que Ele faz o impossível. E afinal, nada é impossível para Deus.

NOSSA ESPERANÇA FUTURA
Sendo Deus um Deus de infinita bondade, Ele deve, pela necessidade de Sua natureza, querer para cada uma de Suas criaturas a mais plena medida de felicidade consistente com suas capacidades e com a felicidade de todas as outras criaturas.

Além disso, sendo onisciente e onipotente, Deus tem a sabedoria e o poder para alcançar o que quiser. A redenção que Ele operou para nós por meio da encarnação, morte e ressurreição de Seu Filho unigênito garante a bênção eterna a todos os que, pela fé, tornam-se beneficiários dessa redenção.

A Igreja ensina seus filhos a crer nisso, e seu ensinamento é mais do que pensamento esperançoso: baseia-se nas revelações mais completas e claras do Antigo e do Novo Testamentos. O fato de estar de acordo com os anseios mais sagrados do coração humano não o enfraquece de modo algum, mas, antes, serve para confirmar a verdade dele, pois se pode esperar que Aquele que fez o coração também providencie a realização de seus anseios mais profundos.

Embora os cristãos acreditem nisso de uma maneira geral, ainda é difícil para eles visualizar a vida como ela será no Céu, e é especialmente difícil para eles se imaginarem herdando tal felicidade como as Escrituras descrevem. A razão para isso não é difícil de descobrir. O cristão mais piedoso é aquele que se conhece melhor, e ninguém que se conhece bem acreditará que merece algo melhor do que o inferno.

O homem que se conhece pouco provavelmente terá uma confiança infundada e, por isso, alegre em seu próprio valor moral. Tal homem tem menos dificuldade em crer que herdará uma eternidade de bênção porque seus conceitos são apenas pseudocristãos, sendo fortemente influenciado pelos versículos lidos perto da lareira e contos da carochinha. Ele pensa no Céu como sendo muito parecido com a Califórnia sem o calor e a fumaça, e ele mesmo como habitando um palácio esplêndido com todos os confortos modernos e usando uma coroa bem adornada. Junte alguns anjos e você terá a imagem vulgar da vida futura mantida pelos devotos do cristianismo popular.

Este é o paraíso que aparece nas baladas açucaradas dos evangelistas que, com suas guitarras vibrantes, se amontoam no cenário religioso hoje. Parece não fazer diferença para ninguém que a coisa toda é completamente irrealista e contrária às leis do universo moral. Como pastor, sepultei os restos mortais de muitos homens cujo futuro não podia deixar de ser incerto, mas que, antes do funeral terminar, no entanto, conseguiu o título de uma mansão logo acima do topo da colina. Recusei-me firmemente a proferir qualquer palavra que aumentasse o engano, porém a potência emocional do canto era tão alta que os enlutados foram embora vagamente acreditando que, apesar de tudo o que sabiam sobre o falecido, tudo ficaria bem em alguma manhã radiante.

Ninguém que tenha sentido o peso de seu próprio pecado ou ouvido do Calvário o triste brado do Salvador: "Deus meu, Deus meu, por que me desamparaste?" (MARCOS 15:34) pode jamais permitir que sua alma descanse na débil esperança que a religião popular proporciona. Ele insistirá — de fato, deve insistir — no perdão, na purificação e na proteção que a morte vicária de Cristo proporciona.

"Aquele que não conheceu pecado, Deus o fez pecado por nós, para que, nele, fôssemos feitos justiça de Deus" (2 CORÍNTIOS 5:21). Assim escreveu Paulo, e a grande explosão de fé de Lutero mostra o que isso pode significar em uma alma humana. "Ó Senhor", clamou Lutero, "Tu és a minha justiça, eu sou o Teu pecado".

Qualquer esperança válida de um estado de bem-aventurança além do evento da morte deve repousar na bondade de Deus e na obra de expiação realizada por Jesus Cristo na cruz em nosso favor. O amor profundo de Deus é a fonte da qual brota nossa bem-aventurança futura, e a graça de Deus em Cristo é o canal pelo qual ela chega até nós. A cruz de Cristo cria uma situação moral onde cada atributo de Deus está do lado do pecador arrependido. Até mesmo a justiça está do nosso lado, pois está escrito: "Se confessarmos os nossos pecados, ele é fiel e justo para nos perdoar os pecados e nos purificar de toda injustiça" (1 JOÃO 1:9).

O verdadeiro cristão pode seguramente esperar por um estado futuro que seja tão feliz quanto o perfeito amor desejar que seja. Uma vez que o amor não pode desejar para o seu objeto nada menos do que a medida mais completa possível de contentamento pelo maior tempo possível, está praticamente além de nosso poder conceber um futuro tão consistentemente agradável como aquele que Cristo está preparando para nós. E quem dirá o que é possível para Deus?

SEGUNDA PARTE

Vivendo o Credo

10

Sejamos humildes quanto à nossa ortodoxia

O cristianismo raramente encontra-se puro fora de Cristo e de Seus apóstolos inspirados. Provavelmente, nenhum cristão ou grupo de cristãos na história do mundo jamais manteve a verdade em total pureza.

Um grande santo acreditava que a verdade é tão ampla e poderosa que ninguém é capaz de absorvê-la por completo e que ela requer todo o grupo de almas resgatadas para irradiar adequadamente todo o corpo da verdade revelada.

A luz brilhou sobre os homens e as nações, e (Deus seja louvado) brilhou com clareza suficiente para permitir que milhões fossem levados para casa em seu esplendor. Mas nenhum cristão, por mais puro que seja seu coração ou por mais obediente que seja sua vida, jamais foi capaz de recebê-la conforme ela reluz do trono sem nenhuma alteração vinda daquilo que está em sua própria mente. Uma porção de argila que tenha sido segurada por uma mão humana permanece sendo argila; contudo, não pode escapar das marcas deixadas pela mão. Da mesma forme, é a verdade de Deus que, quando apreendida pela mente humana, permanece verdade, mas traz em si a imagem da mente que a retém. A verdade não pode entrar em uma mente passiva. Ela deve ser recebida na mente por meio de uma resposta mental ativa, e o ato de recebê-la tende a alterá-la em maior ou menor grau. Assim como os raios do sol se curvam ao passar por um prisma, também a luz de Deus se curva ao passar pelo coração dos homens. O pecado, a índole, o preconceito, a educação na infância, as influências culturais, as tendências predominantes, tudo contribuiu para tirar os olhos do coração do foco e distorcer a visão interior.

Refiro-me aqui, naturalmente, à verdade teológica e religiosa. O quão pura essa verdade é em qualquer lugar e em qualquer dado momento é revelado pelos padrões morais daqueles que sustentam a verdade e pelas práticas religiosas entre as igrejas em geral. A verdade espiritual (refiro-me às revelações do Espírito Santo ao espírito humano) é sempre a mesma. O Espírito diz sempre a mesma coisa a quem quer que Ele fale e sem levar em conta ênfases doutrinárias passageiras ou tendências teológicas. Ele reluz a beleza de Cristo sobre o coração maravilhado, e o espírito atônito a recebe com um mínimo de interferência. Wesley e Watts eram de mundos diferentes em relação à teologia, mas puderam, e, de fato, amaram e cantaram os mesmos hinos de pura adoração. O Espírito os uniu para adorar, embora suas respectivas visões da verdade os separassem doutrinariamente.

Cada época interpretou o cristianismo à sua maneira. A religião dos empolgados revivalistas americanos do século 19 era certamente algo diferente da de Lutero ou dos religiosos medievais ou dos pais apostólicos. Os bispos que se reuniram em Niceia no século 4 para defender a fé de Cristo do ataque dos arianos certamente diferiram radicalmente dos estudiosos e santos que se levantaram para defender essa mesma fé do ataque da alta crítica no início do século 20.

> O Espírito diz sempre a mesma coisa a quem quer que Ele fale... o Espírito Santo é o verdadeiro conservador da ortodoxia.

A teologia tende a incorrer em modos, assim como a filosofia. Os mestres cristãos da Idade Média se debruçaram duramente sobre a vaidade da vida e a maldade inata do corpo. Nos primórdios da América, a doutrina predominante era o inferno, e os pregadores populares daqueles tempos revelaram mais detalhes sobre aquele terrível lugar do que eram conhecidos pelos escritores inspirados das Escrituras. Em tempos mais recentes, descobriu-se novamente que Deus é amor, e o amor de Deus pela humanidade tornou-se o principal tema de sermões e cânticos em todo o mundo evangélico.

Neste momento, estamos em mais um período de transição, e bendito é o homem que sabe para onde estamos indo. Seja qual for a direção que o viés teológico possa soprar, há duas coisas das quais podemos estar certos: uma é que Deus não ficará sem testemunhas. Sempre haverá alguns que conservarão o credo de Cristo, o esboço inspirado da doutrina cristã. A verdade salvadora nunca será completamente oculta aos olhos dos homens. Os pobres em espírito, os penitentes, sempre encontrarão Cristo perto e pronto para salvá-los. A outra é que o Espírito Santo é o verdadeiro conservador da ortodoxia e invariavelmente dirá a mesma coisa às almas mansas que confiarem nele.

Os corações iluminados certamente concordarão no ponto em que a luz recai. Nosso único perigo real é vir a entristecer o Espírito Santo e levá-lo ao silêncio e, assim, sermos deixados à mercê de nosso intelecto. Então teremos eruditos cristãos em abundância, mas teremos falta dos santos que genuinamente adorem. Teremos defensores da fé que podem surpreender seus oponentes com sua lógica e seu conhecimento, mas estaremos sem profetas, religiosos e compositores de hinos. Teremos a sarça podada e aparada e devidamente cultivada, mas na sarça não haverá fogo.

A verdade é sempre a mesma, mas os modos, ênfases e interpretações variam. É um pensamento animador o fato de que Cristo pode adaptar-se a qualquer raça, época ou povo. Ele dará vida e luz a qualquer homem ou mulher em qualquer lugar do mundo, independentemente da ênfase doutrinária ou dos costumes religiosos predominantes, desde que esse homem ou essa mulher o receba como Ele é e confie nele sem reservas. O Espírito nunca dá testemunho de um *argumento* sobre Cristo, mas Ele nunca deixa de *proclamar* o Cristo crucificado, morto e sepultado, e agora elevado à mão direita da majestade de Deus nos céus.

A conclusão da questão é que não devemos assumir que temos toda a verdade e que não estamos enganados em nada. Em vez disso, devemos nos ajoelhar em adoração diante dos pés trespassados daquele que é a Verdade e honrá-lo pela humilde obediência às Suas palavras.

11

Unindo nossos credos às nossas ações

O credo de um homem é a coisa mais importante sobre ele. O que um homem *faz* hoje pode não ser tão importante quanto no que ele *crê* hoje, pois ações isoladas podem ser desfeitas, perdoadas ou de outra forma expiadas, mas a crença determina todo o movimento de nossa vida e assim decide nosso destino no final.

Há alguns que se gabam de não ter credo, mas isso equivale a dizer que não têm fé, pois nosso credo é simplesmente a soma total de nossas crenças sobre a vida. A mente humana é constituída de tal forma que tem de se decidir. O cético religioso é aquele que não se decidiu sobre questões como a existência de Deus, a imortalidade e a responsabilidade humana. No entanto, o cético mais inveterado decidiu sobre algumas coisas, e cada ponto sobre o qual ele decidiu é um princípio de seu credo. Provavelmente mataria o cético se lhe dissessem que ele tem um credo, mas ele mesmo assim tem um, e esse credo moldará seu destino ao final de tudo.

Todo homem deve ter uma filosofia de vida, e todo homem tem uma, quer a conheça ou não. Essa filosofia é sua visão mental, sua perspectiva espiritual, sua escala de valores morais. O cristianismo não é apenas uma dinâmica espiritual que opera para transformar a vida do pecador penitente, é também uma filosofia espiritual, a mais elevada e pura que a mente possa ter.

Nós nos movemos na direção de nossas crenças interiores por uma lei inviolável da alma. A vontade não consente com uma conduta que viole nosso verdadeiro credo. O coração deve seguir seu credo, e esse credo determinará o sucesso ou o fracasso do homem no final. É impossível assegurar uma alteração permanente em nosso curso de conduta até que haja uma alteração correspondente em nossa crença sobre essa conduta. Onde o coração está preso nas garras de um desejo maligno, a mente estará em ação mudando seu credo para acomodar o ato. Trata-se de uma espécie de tiro pela culatra moral, e é uma das coisas mais letais do mundo. Se um homem — por fraqueza — pecar violando seu credo do coração, ainda há esperança para ele, mas, se ele mudar seu credo para justificar sua conduta, sua desgraça está selada. O primeiro caso é pecado, e pode ser perdoado; o outro, se persistir, resulta em ateísmo moral, do qual não há recuperação.

Todo arrependimento é, no fundo, uma mudança de credo. O arrependimento tem sido definido como uma mudança de mentalidade sobre Deus, Cristo, si próprio e o pecado. Com essa mudança, vem uma inversão do nosso curso de conduta e a aquisição de um novo conjunto de hábitos. Quando a serpente se propôs a provocar a queda do homem, começou mudando a mente de Eva em três pontos vitais. Originalmente, a mulher acreditava que Deus era bom, a árvore proibida era uma árvore perigosa para que dela se comesse, e o mandamento da proscrição era justo e adequado.

Após a serpente falar com Eva, a mulher acreditou que Deus era cruel, o mandamento de se abster era uma evidência de injustiça divina e a própria árvore era uma árvore "desejável"! Então, e somente então, "ela tomou do seu fruto e comeu". O credo decidiu a ação, como de costume.

Algumas pessoas boas, em seu zelo pela doutrina da graça, negaram o lugar da conduta no plano total da redenção. Elas dizem: "Somos salvos apenas pela graça, e nossa conduta não pode possivelmente ter nenhum efeito sobre nossa relação com Deus. O que cremos nos salva, e nossas ações não são importantes". Esse tipo de ensino revela uma falta de conhecimento dos fatos mais elementares da psicologia, bem como um caso muito ruim de cegueira para os ensinamentos simples da Bíblia.

Paulo chamou o evangelho de "verdade que conduz à piedade" (TITO 1:1 NVI). Aqui está a fórmula indicada na ordem correta. A verdade criando um código, e o código resultando na conduta. Novamente se diz que, depois que a Palavra chegou aos tessalonicenses "em poder [...] e em plena convicção", eles, "deixando os ídolos, [...] se converteram a Deus, para servir o Deus vivo e verdadeiro" (1 TESSALONICENSES 1:5,9). A questão é que a doutrina em que eles acreditavam controlava sua conduta posterior. E isso funciona tanto para o mal quanto para o bem, dependendo se a crença é verdadeira ou falsa. Paulo escreveu sobre certos ensinamentos malignos que "avançarão cada vez mais na impiedade" (2 TIMÓTEO 2:16).

A doutrina em que eles acreditavam controlava sua conduta posterior.

É por essa razão que a Bíblia é tão rígida em sua insistência na doutrina correta. Na Igreja Primitiva, a falsa doutrina era considerada um dos maiores males, e o falso mestre nunca era poupado. Alguns que apresentaram as doutrinas da graça deixando espaço para uma má conduta de vida foram condenados de imediato pelos apóstolos. Aqueles que ensinaram que a ressurreição já havia acontecido foram declarados blasfemadores e punidos pronta e severamente (1 TIMÓTEO 1:20; 2 TIMÓTEO 2:17-18).

Deve-se afirmar aqui que muitas vezes há um grande abismo separando o credo nominal e o credo real. Há milhares de cristãos professos que não são afetados de forma alguma pelas doutrinas às quais aderiram quando entraram na igreja. O credo que eles professam não é o credo do coração deles. Eles vivem de acordo com um credo interior ao qual nunca deram voz, mas que os controla tão certamente quanto o timoneiro controla o navio.

O credo do homem comum incorpora muitas coisas que lhe parecem importantes, mas que realmente não importam. É difícil decidir exatamente o que importa e o que não importa, todavia há pelo menos alguns pontos doutrinários controversos que o amante honesto da Bíblia reconhecerá como sem importância. Casacos, vestidos, chapéus e gravatas, por exemplo, em alguns círculos, receberam atenção muito além de sua importância. Dificilmente é preciso a sabedoria de um Salomão para ver que essas coisas são meras quinquilharias e não podem tornar a pessoa melhor ou pior por causa do que veste.

As coisas que importam são aquelas que "conduzem à vida e à piedade" (1 PEDRO 1:3), e a Bíblia é uma fonte autêntica de informações sobre todos esses assuntos. Ela é clara e detalhada sobre tudo que importa: as coisas que não importam são preteridas pelo Autor divino e deixadas à ocasião e à escolha pessoal individual.

Devemos nos recusar a nos deixar envolver em discussões sobre insignificâncias doutrinárias que "mais promovem discussões do que o serviço de Deus, na fé" (1 TIMÓTEO 1:4), mas devemos certamente nos firmar para proteger a pureza dessa "fé que uma vez por todas foi entregue aos santos" (JUDAS 1:3).

A fé de nossos pais amaremos
Tanto amigos quanto inimigos em todas as nossas lutas,
E pregue a ti também, como o amor sabe fazer,
Por palavras amáveis e vida virtuosa.[8]

O ideal para todos nós é alinhar nossas crenças com a verdade revelada, conforme encontrada nas Sagradas Escrituras, e então colocar nossas ações de acordo com as nossas crenças. E Deus não nos deixou por conta própria descobrir a verdade nem por nossa própria força segui-la. Ele nos deu o Espírito Santo para ser ao mesmo tempo Guia e Auxiliador. Ele nos

---

[8] Tradução livre da estrofe final do hino *Faith of Our Fathers*, de Frederick William Faber (1814–63).

O Credo Apostólico

mostrará no que crer, e então, à medida que nos rendermos a Ele, Ele nos capacitará a andar à luz daquilo em que cremos. Assim, tanto o credo quanto a ação serão agradáveis a Deus.

12

A doutrina em ação e indo longe

Uma falha grave no evangelicalismo atual é que há um excesso de ideias em relação aos atos. Somos prejudicados por uma multiplicidade de palavras em relação aos atos. Tendemos a substituir a ação moral pelo pensamento religioso.

O livro de Josué é um corretivo para esse estado de inércia por parte da Igreja, e por nossa leitura e meditação nele, pode ser que uma parte do espírito de ação que incendiou Josué possa entrar em nós.

Há muito pouca doutrina neste livro bíblico. De fato, não é um texto doutrinário em si. E, no entanto, o livro de Josué *é* um livro de doutrina. Mas é doutrina uniformizada. É doutrina com espada e martelo. É a doutrina indo a algum lugar e fazendo alguma coisa.

Em Josué, vemos as ideias em sintonia com a realidade. Vemos pensamentos espirituais em roupas de trabalho, ideias postas em ação. E se a Igreja do Senhor Jesus Cristo despertasse, esfregasse os olhos para tirar o sono, vestisse suas roupas de trabalho e se ocupasse traduzindo seus bons pensamentos religiosos em uma bela conduta moral, acredito que teríamos o avivamento pelo qual estamos orando.

Ora, na cristandade, temos um museu de crenças teológicas cheio de maravilhas. De vez em quando, consolo meu coração ajoelhando-me em meu gabinete e apenas meditando sobre as coisas em que creio — as coisas que são verdadeiras e realmente minhas no Livro de Deus. Não as minhas próprias ideias, mas as ideias bíblicas que tenho.

Como os pensamentos doces e celestiais sobre Deus e a religião confortam a alma e aquecem o coração! O registro que Deus preservou sobre os santos — o que grandes homens de Deus em grandes momentos de suas vidas fizeram e disseram — é a doce herança da Igreja. Será um dia triste quando os esquecermos ou os atirarmos em uma lata do lixo junto a coisas esquecidas. Mas será um grande dia para nós quando essas crenças teológicas e pensamentos celestiais despertarem e se tornarem parte de nós, para que comecemos a fazer uso prático de nossos tesouros.

Tenho pensado na diferença entre o carvão que se encontra nas profundezas da terra e o carvão que está na câmara de combustão de, digamos, uma locomotiva. Acho que encontrei esta frase em algum lugar na poesia de outrora: "A fúria que o carvão desperta" (em tradução livre). Isso não parece poético, mas alguém a usou em um verso poético em certo texto, e eu me lembro disso. E pensei no carvão adormecido

A doutrina em ação e indo longe

lá no coração da terra. Gerações vêm, gerações vão, e o carvão está escondido ali. As árvores crescem e caem, a grama cresce, os animais sobem as colinas, os homens cultivam o solo, e ninguém sonha que o poder incrível e surpreendente está ali a poucos metros abaixo da superfície.

Então, um dia depois de séculos incontáveis, alguns homens vão lá e tiram esse carvão e o carregam por todo o país. Finalmente chega a uma grande locomotiva antiga. Ele entra na câmara de combustão e cria vapor, o vapor entra nos cilindros, os cilindros começam a se mover, e logo aquele carvão que estava adormecido há séculos está puxando um trem de 100 vagões, carregados de mercadorias, de uma grande cidade para outra.

Ali você vê o poder e a fúria do carvão despertados de seu longo sono. Mas deve ser despertado pelo fogo. Deve ser despertado na câmara de combustão. Ele deve ser despertado primeiro sendo detonado, depois retirado de seu antigo leito e jogado na fogueira da locomotiva. Então, e só então, torna-se força para puxar esse grande trem.

Assim é com a nossa teologia. Assim é com as ideias que temos do Livro de Deus. Assim é com as palavras que saboreamos como doces manjares em nossa boca. Assim é com as verdades teológicas e os belos pensamentos espirituais que são nossos na Igreja de Cristo. Enquanto estiverem em repouso e forem apenas ideias, não têm valor na vida prática. Mas, quando são jogados na fornalha da fé e da obediência, pegam fogo; e logo o homem que estava adormecido e sem fazer nada se torna um motor para impulsionar, movimentar e agitar sua geração.

Ora, o livro de Josué é um livro de "carvão que desperta". É um livro de doutrina incendiada, de atividade nascida a partir da doutrina. Note que ele diz o que aconteceu "depois que Moisés morreu". Essa palavra "depois" e a frase "que Moisés morreu" parecem pertencer uma à outra. Josué havia se agarrado a Moisés como um jovem a um homem mais velho, e eu penso que Josué se apoiou em Moisés tão completamente que ele sentiu — instintivamente sentiu — que não poderia haver "depois" quando Moisés morreu.

Mas houve um "depois". Moisés morreu, e ainda houve um "depois". Um líder honrado teve que ser substituído, e houve uma série de razões para isso. Uma delas era que ele estava ficando bem idoso. Outra era que Deus queria mostrar a Israel que não era um líder, mas o próprio Deus quem estava no comando. Deus planeja um movimento sempre progressivo em direção a um fim que ainda não está à vista. Ele vê o fim desde o princípio, e Ele vê o fim tão rapidamente quanto vê o começo. Você e eu vemos apenas o começo, e por isso precisamos ter fé no Deus que vê o fim.

Deus está sempre avançando em direção a um fim predeterminado. Jesus disse: "Meu Pai trabalha até agora, e eu trabalho também" (JOÃO 5:17). Lemos também no Novo Testamento a obra do Espírito Santo. Assim, sabemos que todas as três Pessoas na Santíssima Trindade — Pai, Filho e Espírito Santo — estão trabalhando; eles estão ativos. Deus não é um grande mar silencioso, enterrado na névoa. Ele é um obreiro ativo em Seu Universo — em repouso, mas sempre ativo; ativo, mas sempre em repouso. Fazer, para Ele, não queima energia e não exige esforço, pois Deus é sempre Deus. E Ele está sempre em ação.

A doutrina em ação e indo longe

Entretanto, nessa poderosa atividade criativa ao longo dos anos, Deus deve substituir líderes por outros líderes. Às vezes, um Moisés deve dar lugar a um Josué. Josué assume quando Moisés depõe suas ferramentas.

Já dei duas razões para a mudança. Há uma terceira. Às vezes Deus tem que substituir alguns de Seus líderes quando eles perdem sua habilidade, isto é, quando deixam de ser hábeis na mão de Deus, quando deixam de ser maleáveis, quando eles obtêm uma perspectiva fixa de modo que o que pode vir a ser é igualado ao que já foi.

Sempre que a mente de um homem se torna estática e fixa no que foi, então ele não pode mais trabalhar com Deus. Deus diz: "Nem pensem nas coisas antigas. Eis que faço uma coisa nova" (VEJA ISAÍAS 43:18-19). E Deus está sempre querendo fazer coisas novas para Sua igreja — coisas novas para Seu povo, sempre. Quando nos tornamos fixos e estáticos e deixamos de ser maleáveis, de modo que a expectativa futura é igualada à realização passada, então morremos.

Vocês não conseguem ver, meus irmãos, que, se Deus é Deus, o que foi não é o mesmo que um dia será? Deus fará qualquer coisa que Ele tenha que fazer ou deva fazer para cumprir Seu propósito. E nós devemos manter a mente aberta. Igrejas, organizações evangélicas e sociedades missionárias muitas vezes ficam paradas por anos porque não conseguem pensar progressivamente; não conseguem pensar juntamente com Deus sobre o amanhã; só conseguem pensar reflexivamente no ontem.

Quando um homem pensa no ontem negligenciando o amanhã, ele é um homem velho, independentemente de quantos aniversários ele tenha comemorado. E enquanto um homem pensa progressivamente sobre a obra de Deus para hoje e amanhã, ele é um jovem, por mais grisalhos que sejam seus cabelos ou por mais aniversários que ele possa ter acumulado no calendário.

Deixar de esperar algo melhor é sempre trágico na vida de qualquer igreja ou indivíduo. Pois o caminho de Deus com Seu povo é sempre sobreviver a uma era e entrar em outra maior, avançando e entrando em outra maior ainda; seguindo em frente sempre, nunca ficando parado. Nunca acreditei muito em platôs religiosos. Sei que existem platôs. Sei que, na psicologia, na vida privada e pessoal e, também, na Bíblia, há pequenos platôs — momentos em que subimos uma montanha e chegamos felizes, mas desgastados. Então Deus nos permitirá ter um pequeno platô, um pequeno lugar nivelado onde possamos descansar antes de começarmos a próxima escalada.

Todavia não devemos armar uma tenda nesses platôs, muito menos construir uma casa lá. Eles são apenas pequenos lugares de descanso no caminho para cima. No entanto, muitas de nossas igrejas são construídas no platô de realizações passadas. Deus nunca pretendeu que fosse assim. Ele planeja que uma era gloriosa e vitoriosa dê lugar à próxima, tão rápido quanto formos capazes, continuamente, até que o Senhor venha ou até que Ele nos chame para estar com Ele.

Irmãos, não creio que devamos aposentar o nosso espírito. É perfeitamente possível que um homem fique doente e velho e tenha que se aposentar, retirando-se em algum lugar para sentar e meditar os últimos anos de sua vida por causa da saúde precária. Porém, não creio que um homem deva aposentar o seu espírito. Não acredito que devamos permitir que nossa mente ou nosso espírito se acomode — vista o capelo, pegue o diploma e diga: "Agora cheguei".

Nenhum homem chegou até que seus pés estejam andando nas ruas de ouro. Nenhum homem chegou lá até que o Senhor tenha dito: "Terminou sua jornada na Terra, venha para o alto". Independentemente da idade, do passar dos anos, de quanto saibamos, sempre há progresso espiritual, sempre há o avanço, sempre há um lugar mais adiante.

A Igreja de Cristo nunca foi informada de que ela está aposentada e que ela deve se sentar e dizer: "Chega por hoje". Há sempre uma ação progressiva, sempre algo a fazer. As doutrinas de Deus são pegar suas roupas de trabalho, pegar seu martelo e sua espada, sair e ocupar-se. Esse é o propósito de Deus para Sua Igreja.

Ora, às vezes perdemos o sinal de Deus para seguir em frente e nos acomodamos a um estado de repouso e inatividade espiritual. A evidência desse estado é que ficamos satisfeitos se pudermos manter nossos ganhos atuais, felizes quando pudermos "manter o que temos".

O propósito de Deus nunca é que mantenhamos o que temos, mas sempre que façamos algum tipo de progresso. Quando caímos no hábito de falar muito sobre vitórias passadas, quando a dor desaparece de nossas atividades, quando aprendemos a fazer o trabalho religioso sem muito custo para nós mesmos, então chegamos a um platô e é hora de nos mexermos e pedirmos a Deus que nos vivifique novamente.

> As doutrinas de Deus são pegar suas roupas de trabalho, pegar seu martelo e sua espada, sair e ocupar-se. Esse é o propósito de Deus para a Sua igreja.

O Credo Apostólico

Creio que devemos trabalhar junto a Deus que "trabalha até agora" e ainda está operando agora. E se descobrirmos que saímos, temporariamente, do caminho divino, que estamos tentando compensar a falta de ação com muita conversa — como um homem que suspende as rodas traseiras, acelera o motor, queima a gasolina e faz muita fumaça e barulho, mas não chega a lugar nenhum — eu digo que, se estamos nesse estado espiritual, então decerto devemos pedir a Deus que nos perdoe e nos leve ao arrependimento.

Na vida cristã, um avanço espiritual deve seguir outro, uma agitação do ninho deve seguir-se a outra, um arrependimento que traz uma nova vitória deve vir depois de outro, uma era de crescimento novo, rico e frutífero deve seguir a outra, continuamente durante toda a nossa vida aqui na Terra, até que nosso Senhor Jesus Cristo venha em Sua glória.

Então, nós o encontraremos, não como cristãos que já alcançaram algo, mas como cristãos que cresceram até agora e que ainda estão crescendo.

Fontes

Prefácio: "O Credo de Tozer" cita John Oxenham, "Credo", em *Bees in Amber: A Little Book of Thoughtful Verse* (London: Methuen & Co., 1913); Samuel Miller, *The Utility and Importance of Creeds and Confessions: Addressed Particularly to Candidates for the Ministry* (Philadelphia: Presbyterian Board of Publication, 1839), 40-41.

Prólogo: "Por que os credos ainda são importantes hoje" publicado como "How Important Is Creed", em *Alliance Witness*, 8 de agosto de 1950, 2; mais tarde publicado em *That Incredible Christian* (Chicago: Moody Publishers, 1964), 13-16.

Capítulo 1: "Deus Pai" transcrito de "Attributes of God — Introduction", um sermão pregado na Igreja Avenue Road Alliance em 1º de janeiro de 1961, mais tarde publicado como "God's Character" em *The Attributes of God Volume 2* (Chicago: Moody Publishers, 2003), 1-14.

Capítulo 2: "**Jesus Cristo**", parte um transcrita de "The Word Made Flesh — the Mystery of It", um sermão pregado na Igreja Southside Alliance em Chicago em 20 de dezembro de 1953; mais tarde publicado como "The Mystery of the Incarnation" em *Christ the Eternal Son* (Chicago: Moody Publishers, 1982), 7-16. Parte dois publicada como "God Walking among Men," em *That Incredible Christian* (Chicago: Moody Publishers, 1964), 37-40.

Capítulo 3: "**Espírito Santo**" publicado como "The Forgotten One", em *God's Pursuit of Man* (Chicago: Moody Publishers, 1950, 1978), 67-79.

Capítulo 4: "**Crucificado**" parte um publicada como "Who Put Jesus on the Cross," em *Who Put Jesus on the Cross* (Chicago: Moody Publishers, 1976), 1-11. Parte dois, "A Note About Christ Descending into Hell", é transcrita do "False Teachings on Obscure Bible Passages", um sermão pregado na Igreja Southside Alliance, em 13 de junho de 1954.

Capítulo 5: "**Ressuscitado e elevado ao Céu**" parte um publicada como "What Easter Is About", em Alliance Witness, 17 de abril de 1957; mais tarde publicada em *The Radical Cross* (Chicago: Moody Publishers, 2005, 2009), 159-63. Parte dois publicada como "The Easter Emphasis", em *Alliance Witness*, 3 de março, 1959, 2; mais tarde publicada em *The Radical Cross*, 23-26.

Capítulo 6: "O retorno" transcrito de "Christ's Second Coming", um sermão pregado na Igreja Southside Alliance em Chicago em 29 de setembro de 1953. Transcrito e publicado como "Where Will the Experts Be When Jesus Comes" em *I Call It Heresy* (Chicago: Moody Publishers, 1991), 156 73.

Capítulo 7: "A comunhão da Igreja" publicado como "The Communion of the Saints" em *Alliance Witness*, 12 de setembro de 1956; mais tarde publicado em *Man, the Dwelling Place of God*, 78-86; também publicado em *Church: Living Faithfully as the People of God — Collected Insights of A. W. Tozer* (2019), 81-88.

Capítulo 8: "Perdão" parte um publicado como as "Christian, Do You Downgrade Yourself Too Much?", em *The Tozer Pulpit: Book 6* (Chicago: Moody Publishers, 1975). Parte dois publicada como "The Futility of Regret", em *Alliance Witness*, 13 de junho de 1962, 2; mais tarde publicada em *That Incredible Christian* (Chicago: Moody Publishers, 1964), 117-20. Parte três publicada como "Is It True that Man Lost His Franchise to the Earth?", em *The Tozer Pulpit: Book 6*.

Capítulo 9: "Eternidade" parte um publicada como "Faith or Imagination", em Alliance Witness, 6 de abril de 1955, 2; mais tarde publicada em *The Price of Neglect* (Chicago: Moody Publishers, 1991), 68-71. Parte dois publicada como "Our Hope of Future

Blessedness," em *Alliance Witness*, 13 de agosto de 1958, 2; mais tarde publicada em *Born After Midnight* (Chicago: Moody Publishers, 1959, 1987), 161-64.

Capítulo 10: "Sejamos humildes quanto à nossa ortodoxia" publicado em *Alliance Witness*, 1.º de agosto de 1956, 2; mais tarde publicado em *Born After Midnight* (Chicago: Moody Publishers, 1959, 1987), 91-95.

Capítulo 11: "Unindo nossos credos às nossas ações" publicado como "Creeds and Deeds", em *Alliance Weekly*, Alliance Weekly, 7 de novembro de 1936, 713-14; uma versão mais curta foi reimpressa em *Alliance Weekly*, 23 de outubro de 1943, 679.

Capítulo 12: "Doutrina em ação e indo longe" publicado em *Moody Monthly*, maio de 1957, 19-20.

Notas:

Notas:

Notas: